ÍNDICE

INTRODUCCIÓN

El interés por el Islam es un fenómeno incontrovertible y creciente en el mundo occidental. Se trata de un interés y de una atención polivalentes y cargados de ambigüedad. La percepción que los hombres y mujeres occidentales tenemos del Islam es, a menudo, una mezcla de temor, recelo, curiosidad y respeto.

Hablar de Islam en los tiempos actuales no es lo mismo que hacerlo en cualquier otra época. En los últimos años, la atracción por esta religión ha crecido de una manera que no hubiéramos imaginado décadas atrás. De hecho, no es común que una religión aparezca en los titulares de primera página de los periódicos del día, particularmente de forma regular. Pero durante los últimos veinte años, el Islam ha ocupado los titulares tal vez más que ninguna otra.

La civilización occidental ha sentido históricamente, con raras excepciones de momentos y personas, antipatía y desprecio hacia el Islam. Los tiempos han cambiado, y sobre todo lo han hecho las actitudes que, fruto de mayores contactos y de una mejor información, son capaces de superar prejuicios y sobre todo ignorancia.

El Islam dice tener hasta mil millones de seguidores en todo el mundo. No es sólo la religión de crecimiento más rápido en el mundo, sino que su influencia comienza a sentirse en lugares en los que, de alguna manera u otra, se lo consideraba como algo exótico y extraño. Se calcula, por ejemplo, que hay ahora unos cinco millones de musulmanes en los Estados Unidos, y más de 1.100 mezquitas y centros islámicos. Cifras tan asombrosas se registran también, como veremos, en muchos países europeos.

A diferencia de las religiones que se han desarrollado lentamente, a partir muchas veces de orígenes oscuros y legendarios, el Islam —la más joven y sencilla de las religiones universales— nació a la plena luz de la historia y se propagó acto seguido con la celeridad de un huracán.

Una de las características más llamativas, que configuran una religión que comienza a tomar una enorme fuerza fuera del ámbito geográfico árabe, es que su influencia se hace evidente no sólo en el área espiritual de quienes practican esta religión, sino también en los aspectos político y económico. Así, el islamismo, como descubriremos a lo largo de esta obra, se constituye en algo más que una religión, para ser una forma de entender la vida y desarrollarse en ella.

Hay algunas preguntas que todo aquel que se interese por el islamismo seguramente se ha hecho alguna vez. ¿Qué enseña el islamismo? ¿Cuáles son sus pilares fundamentales? ¿Y sus preceptos y prácticas? ¿En qué se parecen las enseñanzas del islamismo a las del cristianismo o del judaísmo? ¿En qué difieren? ¿Cómo podemos acercarnos a esta religión sin prejuicios? Éstas son algunas de las preguntas que queremos abordar en esta obra.

Pero para responderlas, debemos comenzar por liberarnos de ciertos prejuicios y comprender que el islamismo, aunque hoy protagonice cierto auge, tiene en realidad siglos de historia, tiempo durante el cual se ha desarrollado para llegar a la forma que hoy conocemos, con todos sus matices.

LAS RELIGIONES Y LA HUMANIDAD

Antes de sumergirnos en las particularidades del Islam, quisiéramos detenernos un momento a pensar acerca del papel que tienen las religiones, en general, en la historia de la humanidad. Evidentemente, tal como ha sido estudiado desde diversas disciplinas, como la sociología o la antropología, el hombre y su historia están estrechamente vinculados con la religión, no importa la forma que ésta tome. Por ello, no podemos pensar en las religiones sin estudiar su contexto de surgimiento y desarrollo histórico.

Las religiones, en la historia de la humanidad, han sido parte integrante de la vida del ser humano, hasta el punto de que si hablamos de la cultura de cualquier pueblo no podemos dejar de mencionar su forma religiosa. En el mundo existen muchas religiones. Sin embargo, algunas han ejercido una influencia más determinante en la historia de la humanidad: el budismo, el judaísmo, el cristianismo, el islamismo, el taoísmo, el hinduismo, son algunas de ellas.

Pero ¿qué tienen en común todas las religiones? ¿Qué elemento está presente en todas ellas? Podríamos decir que las religiones tienen en común el fundamento del ser humano, que es capaz de preguntar y preguntarse por el sentido y destino de su vida. Es decir, las religiones tienen como origen común la pregunta originaria del ser humano, que se cuestiona para descifrar el sentido del mundo y de su biografía personal.

Al igual que otras religiones, el Islam también tiene su origen en una revelación. Este tipo de religiones, que fundamentan sus creencias en la «revelación», afirman que de diversas maneras Dios se ha comunicado al hombre y le ha abierto el conocimiento de Dios y de sí mismo, de su naturaleza y su destino.

Así, muchas de las prácticas religiosas se refieren a esta capacidad del hombre de comunicarse y dirigirse a Dios de diversas formas. De hecho, casi todas las personas humanas alguna vez se han sentido cerca de alguien superior a sus vidas.

Para comprender a qué nos referimos, debemos puntualizar que las religiones primitivas se originan en la búsqueda del hombre por Dios, pero el Islam, como el judaísmo, declaran que han sido originadas de lo alto. El Islam dice que es una revelación de Dios al hombre.

Nosotros sabemos que la revelación histórica de Dios, la primera, fue hecha a los israelitas, el pueblo elegido por Dios. Más tarde llegaría Jesús a completar la revelación de Dios al hombre, redimiendo al hombre como Dios lo había prometido, y fundando una nueva religión, el cristianismo.

Pero siglos después de Jesús, en el año 622, una nueva religión aparecería en Oriente Medio proclamando tener origen en una nueva y final revelación. Ésta no es otra que el Islam, fundada por Mahoma, a quien sus seguidores, los musulmanes, consideran el último de los profetas. La palabra Islam significa «absoluta sumisión a la Voluntad de Dios».

Antes de proseguir, nos permitimos hacer una salvedad para evitar confusiones: si bien muchos, fuera del Islam, nombran a los miembros de esta religión como mahometanos, lo cierto es que los musulmanes no usan este término. Ellos quieren dar a entender que no rinden culto a Mahoma. En efecto, sus grandes verdades expresan: «No hay otro Dios más que Alá».

EL ISLAM, LA SUMISIÓN

El nombre Islam es significativo para el musulmán, porque quiere decir «sumisión», «sometimiento» o «rendición». Esta sumisión no es a cualquiera o a cualquier cosa: se refiere específicamente a la sumisión a la voluntad de Dios. Así, un «musulmán» es «el que se somete», y se puede traducir como «uno que cumple o practica el Islam». De manera que el islamismo entiende que todo fiel musulmán es guiado en cada uno de sus actos por la palabra de Dios.

Este Dios, según veremos más adelante, no es un dios nuevo, sino que se trata, en realidad, del mismo del judaísmo y el cristianismo, sólo que su nombre árabe es Alá y es concebido por los musulmanes como un solo Ser, no una Trinidad.

El Islam, evidentemente, profesa la fe en Dios, quien es uno, todopoderoso, eterno, supremo y quien debe ser obedecido. Los musulmanes aseguran que son descendientes de Abraham a través de Ismael, hijo de la esclava.

Ellos se consideran a sí mismos descendientes de Ismael, el único hijo legítimo de Abraham que, a punto de ser sacrificado en un holocausto, fue salvado en el último momento por la mano de Dios. Cuenta la historia que más tarde, Isaac fue expulsado por Abraham, y tras numerosas vicisitudes y quedar en la miseria, sus descendientes tuvieron que emigrar a Egipto, donde fueron esclavizados hasta su rescate por Moisés. Es decir, su historia admite todos y cada uno de los sucesos que relata el Antiguo Testamento hebreo, y los reutiliza en la propia historia del islamismo.

De hecho, es importante recordar que el Islam venera como profetas a los profetas bíblicos, desde Abraham hasta Jesús. Y Mahoma, para el islamismo, fue el último y el más grande: el Sello de los Profetas.

Ellos creen que Dios habló por medio de Abraham, de Moisés y de los profetas. Consideran a Jesús de Nazaret como un gran profeta, pero no Dios. Para los musulmanes, Mahoma es el último profeta y el más grande de todos.

El Islam profesa la fe en los «Libros de Dios», el Corán y las Escrituras escritas antes de él. Creen en el «Día del Juicio», cuando el hombre será premiado en el cielo o castigado en el infierno dependiendo de su observancia de los mandamientos de Dios.

Las sentencias de Mahoma, conservadas en el Corán y en otros documentos menos sagrados, representan para sus seguidores la expresión última y absoluta de la voluntad de Dios.

Como iremos viendo a lo largo de esta obra, el Corán es el libro que rige la vida del musulmán, ya que da instrucciones precisas sobre el comportamiento en este mundo, enseñando a honrar al padre y a la madre, a ayudar al pobre, proteger a los huérfanos, a ser honrados y justos, a abstenerse de tomar bebidas fuertes y de comer carne de cerdo, a rehuir los juegos de azar, y manifestarse siempre humilde frente a Alá.

También veremos que, por otra parte, el Corán analiza el destino del hombre en la posteridad, con su juicio final, recompensas y castigos, las glorías del Paraíso y los horrores del infierno.

En realidad, toda la vida del musulmán y su culto están absolutamente determinados por el Corán, el «libro revelado». El Islam sostiene que el ángel Gabriel dictó a Mahoma todo lo contenido en sus 114 capítulos.

Los musulmanes creen que su fe es la culminación de las revelaciones dadas a los hebreos y cristianos fieles de la antigüedad. Sin embargo, sus enseñanzas difieren de las de la Biblia en algunos puntos, aunque en el Corán hay referencias tanto a las Escrituras hebreas como a las Escrituras griegas.

Con todo, es creencia del Islam que Mahoma es el autor del Corán. Sin embargo, la mayoría de los estudiosos de esta religión (específicamente, los no creyentes) aseguran que el material del Corán ha sido tomado de fuentes judías y cristianas, y que Mahoma tuvo contacto con miembros tanto del judaísmo como del cristianismo.

En verdad, en sus primeras predicaciones, estaba ansioso de modelar el Islam según el patrón de la Biblia, y de hacerlo atractivo a los cristianos y a los judíos.

En el período tardío de su predicación, cuando ya pudo comprobar que su intento de atraer conversos del cristianismo había fracasado, se volvió contra ellos y trató de cortar todo lo que lo ligaba con él. Por ejemplo, mientras los judíos oraban volviéndose hacia Jerusalén, Mahoma hizo de La Meca su ciudad santa, y los musulmanes deben orar mirando hacia La Meca.

UNA BREVE RESEÑA HISTÓRICA

Aunque el Islam nació como religión en el año 622 d.C., convendría remontarnos mucho más al pasado para comprender algunas de sus tradiciones. Es importante que tengamos en claro que, en realidad, cuando hablamos de islamismo no nos referimos solamente al aspecto religioso, sino que englobamos muchas otras cosas. Sin embargo, todas las cuestiones que involucra no deben ser vistas, tampoco, como áreas aisladas, sino como un todo que es el islamismo.

Cuando hablamos del Islam lo hacemos, consciente o inconscientemente, en diversos registros. Nos podemos referir a este hecho religioso masivo como cultura, como refugio espiritual, como esbozo de sistema económico, como realidad política, etc. Pero lo que nosotros separamos es vivido por los musulmanes como una unidad, que nos recuerda la solidaridad latente bajo múltiples divisiones y cuya alma es una fe común.

Una misma realidad aparece en el Islam como «iglesia» o comunidad espiritual, cuando se la contempla desde una determinada perspectiva, y se manifiesta como estado o como poder político cuando se la mira desde otro ángulo. Pero el Islam es una realidad única e indivisible, que es una cosa u otra según cambie el modo de considerarla. El conocido y elemental principio de que el hecho religioso no existe en estado puro, y es al mismo tiempo un hecho histórico, sociológico, cultural, psicológico..., alcanza en el caso del Islam su máxima vigencia.

Para acercarnos a este todo, en primer lugar, necesitamos echar una mirada hacia atrás, hacia la historia del islamismo. Aunque en capítulos sucesivos tendremos oportunidad de adentrarnos en hechos fundamentales de esta religión que han sucedido a lo largo de los años, podemos resumir, a modo de primer acercamiento, que el islamismo fue fundado a principios del siglo VII d.C. por Mahoma, que aseguraba recibir mensajes de Dios. Estos mensajes fueron compilados más tarde y registrados en el Corán, el libro sagrado del islamismo.

Por este mismo tiempo, Mahoma comenzó a predicar en contra de la avaricia, la opresión económica y la idolatría que eran moneda corriente entre los pueblos árabes. Apeló a varias facciones de los pueblos árabes a unirse bajo la adoración a Alá, el principal dios del panteón árabe de deidades. Aunque su mensaje fue rechazado inicialmente, para el año 630 había logrado el control de La Meca, el centro económico y religioso de la península arábiga.

Aunque Mahoma murió dos años más tarde, el movimiento político-religioso que fundó se extendió rápidamente por todo el mundo árabe, y mucho más allá. Para el año 750 d.C., el imperio musulmán abarcaba desde España, al oeste, hasta la India, en el este. En los siglos que siguieron, el islamismo penetró más profundamente hacia África y Asia, llegando tan lejos como las Filipinas.

Tengamos en cuenta que la expansión del Islam fue muy rápida, y llegó, en apenas cien años, a dominar todo el norte de África, la península ibérica, y hasta parte de Turquía en el Mediterráneo, mientras por el Este sus conquistas llegaron hasta la India y parte de China.

Durante su «edad dorada», el islamismo ostentaba algunos de los más excelentes filósofos y matemáticos del mundo. Fue también durante este tiempo que el islamismo y el cristianismo chocaron como resultado de las Cruzadas que se llevaron a cabo para reclamar la Tierra Santa a los musulmanes.

Desde el año 1500, aproximadamente, y en forma acelerada después de la revolución industrial de los años 1700-1800, el islamismo no pudo sustraerse a la influencia creciente de las potencias europeas. Con el tiempo, grandes porciones del mundo musulmán fueron colonizadas por países europeos. Esta dominación política y económica de Europa continuó hasta el final de la Segunda Guerra Mundial.

Sólo al fin de la Segunda Guerra Mundial los países musulmanes comenzaron a lograr la independencia política. Y con el descubrimiento y el desarrollo de las vastas reservas de petróleo en tierras musulmanas, de repente la independencia económica estuvo a su alcance también. Por fin, el islamismo tenía al alcance de su mano tanto la oportunidad como los recursos para reafirmarse como una fuerza poderosa en el mundo.

ALGUNOS PRINCIPIOS BÁSICOS

A lo largo de este libro nos adentraremos en la historia del Islam, pero también en sus costumbres y en sus dogmas. Los pilares fundamentales del islamismo, que veremos con profundidad en los siguientes capítulos, son:

- La profesión de fe. No hay más dios que Alá y Mahoma es su profeta.
- La oración. Se celebra en comunidad, cinco veces al día en dirección a La Meca.
- La limosna. Recaudada como un impuesto por el gobierno para que éste lo use en beneficio del Islam.
- El ayuno. Durante el mes de Ramadán no se debe ingerir nada durante el día.
- La peregrinación a La Meca. Debe realizarse al menos una vez en la vida.

Aparte de estos «pilares del Islam», existen una serie de normas que regulan la vida de los musulmanes, y que están en concordancia con lo que prescribe el Corán.

CONTEXTO HISTÓRICO DEL NACIMIENTO DEL ISLAM

Durante una larga serie de siglos, que podríamos definir como extendida entre el más remoto período que registra la historia hasta el siglo séptimo de la era cristiana, todo pareció ocurrir principalmente en Europa. Mientras tanto, esa gran lengua o península formada por el Mar Rojo, el río Éufrates, el Golfo de Persia y el Océano Índico, y conocida bajo el nombre de Arabia, permaneció inalterable y casi no afectada por los acontecimientos que conmovieron al resto de Asia, a África o a la misma Europa.

Pero las cosas comenzaron a cambiar a principios del siglo VII d.C. Mientras Europa se hundía en esa «noche de la historia» conocida como Edad Media, apareció en Arabia (Cercano Oriente) una nueva religión monoteísta (es decir, que cree en un solo dios), llamada Islam. Evidentemente, no era la primera que surgía en esa área del mundo, especialmente propicia al desarrollo religioso, ya que con anterioridad había visto primero el nacimiento del judaísmo y más tarde del cristianismo. Ahora era el turno de la tercera religión monoteísta, que surgiría emparentada con las dos anteriores.

Esta religión, como hemos resaltado, vivió un auge significativo, que comenzó entre los siglos VI y VII. En su afán de conversión, el islamismo conquistó gran parte de África, de Asia y penetró hasta Europa, dominando desde España hasta la India. Pero lo cierto es que el Islam nació en un contexto histórico y geográfico que no hacía prever un desarrollo tan espectacular en tan poco tiempo.

Pensemos que hasta la aparición del profeta Mahoma (año 571 d.C.), los árabes no habían tenido gran importancia en el mundo. Su organización política y social era poco propicia para la expansión mundial: formaban numerosas tribus antagónicas, guerreras y crueles; eran pastores nómadas en el Heyaz (frente a la costa del Mar Rojo), agricultores en el Yemen, salteadores en sus fronteras, y soldados mercenarios en el extranjero. Es decir, cada cual se dedicaba a lo que el entorno le permitía. Debemos tener en cuenta que era un pueblo que, escapando a las conquistas del persa Ciro, del macedonio Alejandro y de los romanos, había conservado la vida patriarcal que aprendieron de sus abuelos, hijos (según la tradición) de Ismael.

Por todo ello, no podemos dejar de detenernos en la importancia que tuvo la península arábiga, con su historia, su geografía y su organización social, en la difusión y triunfo del mensaje religioso de Mahoma. La identidad de la civilización islámica fue, en buena medida, definida también por el medio geográfico e histórico en que vivió y actuó el profeta.

ARABIA Y LOS ÁRABES: EL ENTORNO GEOGRÁFICO

Desde los más remotos tiempos, Arabia se distingue por su aridez, sequía y calor. Si pensamos en cualquier

El minarete de la mezquita es el punto central desde el cual son convocados los creyentes para asistir a sus oficios religiosos.

imagen que nos remita a Arabia, seguro nos vendrá a la mente un desierto extremadamente cálido, prácticamente inhabitable. Y no nos faltará razón, porque la sequía ha sido lo que más ha hecho sufrir siempre a esta región. De hecho, sin la estación de las lluvias, que por lo general dura meses, Arabia sería casi inhabitable. Cuando las precipitaciones faltan, la sequedad que de esto resulta arruina todas las comarcas privadas de agua; y a la sequedad se une frecuentemente el terrible viento llamado simún o *jamsín*.

En el interior de Arabia la temperatura es por lo general bastante elevada, y en el desierto no baja casi nunca de 43 °C de día, y de 38 °C durante la noche. En las regiones montañosas, o en aquellas que están cerca del mar, la temperatura no es tan rigurosa.

Geográficamente, Arabia (o *Yazirat-al-Araba*, que significa «Isla de los nómadas»), la tierra de los árabes, es una vasta península situada al suroeste de Asia. Tiene una extensión aproximada de 2.700.000 km² y se extiende entre el mar Rojo, el océano Índico (mar Arábigo) y el golfo Pérsico. Hoy, la mayor parte de la península forma parte de Arabia Saudita.

Como conjunto, forma una amplia meseta desértica (el Neyeb) inclinada hacia el golfo Pérsico y atravesada por algunas formaciones montañosas, que alcanzan las mayores alturas en su reborde occidental. La cumbre culminante de la península es el Yebel Manar, de 3.219 metros, en Yemen.

Los principales desiertos de Arabia son el Nefud, el desierto Sirio y el Rub al Khali, este último arenoso y también el más extenso y desolado. Si nos desplazamos por la zona, aparte de algunos oasis dispersos, sólo encontraremos tierras fértiles en la zona costera de la región de Asir, en el sudoeste de la península.

Con un clima de tipo desértico como el que enfrenta Arabia, la vegetación no podía ser muy abundante. La falta de lluvias determina una vegetación esteparia, con arbustos espinosos (acacias y otras especies similares). Un elemento característico de la vegetación, que sin duda llama la atención del visitante, es la palmera datilera. En las zonas irrigadas y con lluvias suficientes, los cultivos predominantes son el café, el algodón, la caña de azúcar, el aloe, los árboles del incienso y de la mirra (sustancia aromática) y los cocoteros. Hoy, la población, en su mayor parte nómadas, se dedica al pastoreo de ovejas, cabras y camellos; pero la gran riqueza de la península arábiga reside en el petróleo.

Evidentemente, uno de los rasgos más característicos de Arabia es la falta de grandes corrientes permanentes de agua, una realidad que ya se constataba en los tiempos de Mahoma. Antes como ahora, el cauce de los ríos permanece seco la mayor parte del año; pero en épocas lluviosas su caudal aumenta mucho.

El clima hostil de Arabia, sin embargo, no ha impedido que, a lo largo de los siglos, la zona adquiriera gran importancia estratégica. Es cierto que la península arábiga, en la época preislámica, estaba situada a la periferia del mundo civilizado, sin embargo, para los grandes imperios que la bordeaban, era muy importante por diversos factores, entre ellos ser una zona de paso o cruce, tanto de productos como de gente.

Se caracterizó, por lo tanto, por ser un sector donde el comercio podía desarrollarse.

Arabia era considerada una fuente de recursos humanos. Los árabes tenían gran experiencia en el desierto, por lo que eran importantes para los grandes imperios tanto como aliados como enemigos.

En la Arabia preislámica, la región se dividía en cuatro regiones geográficas:

1. Al oeste, a lo largo del Mar Rojo está la tierra alta llamada Hijaz. Aquí es donde se encuentran Medina, Knaybar y Mecca.
2. La región más importante en la antigüedad (sobre todo por sus lluvias monzónicas y las plantas aromáticas) era Yemen, en el sudoeste. Era la más fértil y alta.
3. La parte oriental de Arabia, la más caliente y húmeda. El duro clima era mitigado por la existencia de abundante agua en la superficie.
4. En el interior, vastos desiertos.

EL ORIGEN BÍBLICO DE LOS HABITANTES

Los árabes hacen remontar las tradiciones de su país a la más remota antigüedad. Y para ello, se remiten a los relatos del Antiguo Testamento (no olvidemos que el Islam reconoce a los profetas bíblicos). Según la versión de los intérpretes musulmanes, Arabia fue habitada poco después del Diluvio por los descendientes de Sem (uno de los hijos de Noé) que se fueron agrupando en una multitud de tribus, muchas de ellas ya desaparecidas, en los vastos y profundos desiertos.

De estas tribus, las más conocidas son los Aditas y los Thamuditas, pero se dice que todas han sido barridas de la tierra en castigo de sus iniquidades. También se menciona que, a raíz de las modificaciones de razas que se fueron produciendo con el tiempo, terminaron por diluirse, de modo que muy poco queda concerniente a ellas, salvo algunas borrosas tradiciones y unos pocos pasajes del Corán. Son mencionados ocasionalmente en la historia oriental como los viejos árabes primitivos, de las tribus perdidas.

El nombre del territorio de Arabia procede, según los historiadores orientales, de Yarab, fundador del reino del Yemen y uno de los hijos de Kathan, descendiente de Sem de la cuarta generación. El relato dice que cuando el patriarca Abraham hizo dejar su hogar a su hijo Ismael y a Agar, éstos fueron recibidos bondadosamente por estas gentes. Con el correr del tiempo Ismael se casó con la hija de Modad, un príncipe reinante del linaje de Kathan, y así un extranjero se halló injertado en el originario tronco árabe. La historia cuenta que Ismael tuvo doce hijos, que fueron príncipes de sus respectivas tribus, tal como se menciona en el *Génesis*, en el capítulo XXV.

Los doce hijos de Ismael fueron los progenitores, tanto de los nómadas y pastores que habitaron la Arabia desértica, llamados «los piratas del desierto», como de los árabes que residían en las ciudades y fortalezas. Adquirieron el mando sobre el país, y su prolífica raza, derivada de doce tribus, expulsó o subyugó y anuló la primitiva estirpe de Joctan.

Esta es la explicación dada por los árabes peninsulares acerca de su origen; y los autores cristianos la citan como conteniendo el pleno cumplimiento del pacto de Dios con Abraham, como está registrado en las Sagradas Escrituras: «Y Abraham dijo a Dios: "¡Oh! Que Ismael pueda vivir en tu presencia". Y Dios dijo: "En cuanto a Ismael, te he oído. Lo he bendecido, y lo haré fructífero, y lo multiplicaré con exceso: doce príncipes engendrará, y haré de él una gran nación".» (*Gén*. XVII, 18-20).

Esos doce príncipes con sus tribus son mencionados más adelante en el Antiguo Testamento (*Gén*. XXV, 18), como ocupando el país «desde Havilah hasta Shur, esto es, antes de Egipto, cuando vas hacia Asiria». Esa región ha sido identificada por los especialistas como parte de Arabia. La descripción que se hace de ellos concuerda con la de los árabes actuales. Algunos son mencionados como habitantes de ciudades y castillos, otros como viviendo en tiendas o formando aldeas en el desierto.

Como veremos con más detalle, en estas épocas, los árabes estaban divididos y subdivididos en muchas tribus y familias, con sus respectivos príncipes o emires, que hacían de patriarcas, y su poder dependía de la confianza que suscitaban. Sus conflictos eran frecuentes, entre otras cosas porque vengar a los parientes era un deber de familia, y porque las deudas de sangre que en ocasiones quedaban pendientes se saldaban luego de varias generaciones.

La necesidad de estar alertas para defender sus ganados y pequeños territorios los habían familiarizado en el manejo de las armas. El saqueo de las caravanas lo consideraban como un ejercicio legítimo de su subsistencia, y consideraban a los hijos del trabajo como una raza inferior, degradada por sedentarios hábitos y sórdidas costumbres. Tal era el árabe del desierto, en el que se realizaba el destino de su antecesor Ismael.

De esta manera, Nebaioth y Cedar, los dos hijos mayores de Ismael, son señalados entre los príncipes por su riqueza en rebaños y ganados, y por la fina lana de sus ovejas. De Nebaioth vienen los Nabateos, que habitaron la Arabia pétrea, mientras que el nombre de Cedar es usado ocasionalmente en la Sagrada Escritura para designar a toda la nación árabe: «¡Pobre de mí! —dice el Salmista— que resido en Mesech, que habito en las tiendas de Cedar».

Ambos, Nebaioth y Cedar, parecen haber sido los progenitores de los árabes nómadas y pastores, los libres piratas del desierto. La nación rica, dice el profeta Jeremías, que mora sin cuidados; no tiene puertas ni barreras, que vive sola.

UNA SOCIEDAD HETEROGÉNEA

La Arabia del siglo VI no era un mundo cerrado ni homogéneo. Una de las principales causas de esta heterogeneidad era su condición de tierra de paso, lo que provocaba que tuviera fuertes contactos con otras tierras a través de la actividad mercantil y caravanera. Por ejemplo, el Yemen, al sudoeste, era escala importante en la navegación hacia o desde el Mar Rojo, el Océano Índico y la costa oriental de África. Esta zona servía de enlace entre las rutas marítimas y las caravaneras de la península que, por La Meca, llegaban hasta los principados del Norte, de población semisedentaria, relacionados con Persia y Bizancio, los de Lajmíes y Gassaníes, respectivamente. Así funcionó hasta los años 530 y 540, cuando el Yemen y los principados del Norte desaparecieron como entidades políticas independientes ante la presión persa.

La ciudad de La Meca, al igual que otras ciudades del Hiyaz o desierto centro-occidental, también tuvieron una importancia por su función de tierras de paso. Desde que el Yemen perdió atractivo en este sentido, estas ciudades aumentaron su prosperidad y sus funciones como escalas en las rutas caravaneras. Allí se dieron algunos procesos que solamente mencionaremos: se combinó la sedentarización con la acumulación de riqueza, y se produjo una diversificación social, en la que los viejos valores de los beduinos nómadas se contraponían a los nuevos de los mercaderes enriquecidos de algunos grupos tribales Quraysíes, como los 'Abd Sams o los Ibn Hasim (hachemíes), de cuya familia formó parte Mahoma.

Así, podemos decir que había una fuerte diferencia entre los árabes de las ciudades y los castillos, y aquellos que vivían en tiendas, los beduinos nómadas. Algunos de los primeros ocuparon los valles fértiles, donde los castillos y ciudades eran rodeados por viñedos y por huertos, sembrados, y ricos campos de pastoreo. Otros de esta clase se dedicaron al comercio: algunos tenían puestos y ciudades a lo largo del Mar Rojo; o bien se instalaban en las costas del sur de la península y del Golfo de Persia, y mantenían desde allí comercio con el extranjero por medio de barcos y caravanas.

Los árabes se encontraban entre los más activos mercaderes de los montes orientales. Sus naves traían a sus costas la mirra y el bálsamo de la opuesta costa de Berbería con el oro, las especias y otros ricos productos de la India y del África tropical. Todo esto, junto con sus propios productos, era transportado por las caravanas a través de los desiertos hasta los estados semiarábicos de Ammon, Moab y Edom o Idumea, o hasta los puertos fenicios del Mediterráneo y desde allí distribuido por el mundo occidental.

Todo este transporte, que en modo alguno se hacía con los medios con que contamos hoy, requería de enormes recursos, tanto económicos como humanos. Por ello, los encargados de que las mercancías atravesaran el desierto y llegaran a buen puerto eran los árabes nómadas, que conocían el desierto a la perfección. Ellos eran especialmente reconocidos por su manejo del arco, de la lanza y de la cimitarra, además del ágil manejo del caballo. Estos nómadas, que se habían familiarizado desde su infancia con la dura vida del desierto, eran también hábiles guerreros. Así como eran contratados por los mercaderes para el transporte de mercancías, también estaban habituados a fijar tributos a las caravanas o saquearlas en su trabajosa marcha a través del desierto.

Estos árabes nómadas, los moradores de tiendas, eran quienes proveían los innumerables camellos requeridos, aunque también contribuían a la carga con las finas lanas de sus incontables majadas. Los escritos de los profetas muestran la importancia, en tiempos de la Escritura, de esta cadena interior de comercio por la cual las ricas naciones del sur, India, Etiopía y Arabia se hallaban unidas con la vieja Siria.

Fue justamente entre los beduinos nómadas del desierto donde el mensaje del profeta encontró el medio ideal para difundirse, y hubo de compaginarse con sus ideas sociales y morales que, a través del vehículo de la nueva religión, alcanzarían gran difusión y prestigio.

Los beduinos, nómadas en sus costumbres, pastoriles en sus ocupaciones, llevaban una vida vagabunda, errando de un sitio a otro en busca de aquellos pozos y manantiales que habían sido frecuentados por sus antepasados de los días de los patriarcas. En general, acampaban donde pudieran hallar palmeras que les diesen sombra, y sustento y pastaje para sus rebaños, ganados y camellos; y cambiaban de residencia cuando el temporario sustento se agotaba.

Los valores morales de los beduinos, habitantes de un medio natural hostil en condiciones económicas difíciles basadas en la cría de camellos y en el uso de pastos y agua muy escasos, eran más simples y, en cierto modo, más fuertes que los de los sedentarios. La solidaridad de sangre y el sentido de la hospitalidad, se complementaban con una fuerte noción de honor y valor guerreros.

Como veremos más adelante, la religiosidad de los beduinos se satisfacía con la veneración a lugares sagrados, ya fueran piedras, árboles o astros. Así concretaban sus vagas creencias en dioses, demonios y yins, ya que las religiones monoteístas, a pesar de su proximidad, apenas habían penetrado entre ellos.

La unidad social máxima de aquellos nómadas era la tribu, de unos 3.000 miembros, dividida en facciones y familias, pero unida por una solidaridad de sangre o *asabiyya*, que se transmitía por vía paterna, de la que se beneficiaban también los *mawali* o clientes. Los marcos de relación más amplios, como eran las confederaciones entre tribus, fueron siempre muy inestables.

Las divisiones de estas tribus nómadas eran, a decir verdad, innumerables. Y cada una de estas tribus ínfimas o familias contaba con su jeque o emir, que hacía las veces de patriarca de otras y cuya lanza, plantada junto a su tienda, era la insignia de mando. Sin embargo, más allá de lo numerosas e insignificantes que pudieran ser las divisiones de una tribu, los lazos de parentesco eran tenidos en cuenta cuidadosamente por cada sección. Todos los jeques de una misma tribu reconocían a un jefe común, llamado *Jeque de los jeques*, que podía reunir bajo su bandera todas las ramas dispersas, en cualquier emergencia que afectara el patrimonio común.

Como podemos imaginar, tantas divisiones no eran causa, precisamente, de paz entre las tribus. Muy por el contrario, la multiplicación de estas tribus errantes, cada una con su pequeño príncipe y su pequeño territorio, pero sin cabeza nacional, provocaba frecuentes colisiones. La venganza, además, era casi un principio religioso entre ellos. Por ejemplo, si un integrante de la familia sufría una afrenta, era deber de los demás miembros vengarlo, porque en ello se jugaba el honor de la tribu. Por supuesto, estas deudas de sangre podían perdurar por generaciones, lo que originaba enemistades mortales.

LA RELIGIÓN ANTES DE MAHOMA

Mencionamos que, entre estos beduinos nómadas, la religiosidad se caracterizaba por un politeísmo más o menos acentuado. Hasta Mahoma, de hecho, los árabes no formaban un Estado. Estaban divididos en tribus independientes, unas sedentarias, otras nómadas. Sin embargo, entre todas existía un lazo de unión: el santuario de la Kaaba o Caaba, situado en la ciudad de La Meca.

Es en medio de la misma Meca donde se levanta la mezquita a la cual debe su celebridad (a la que nos referiremos con profundidad a lo largo de los capítulos siguientes). En su interior se halla la Caaba, célebre templo cuya fundación, de acuerdo a los historiadores musulmanes, se remonta a Abraham. Califas, sultanes y conquistadores han competido, desde Mahoma en adelante, en demostrar su piedad, adornando la célebre mezquita; de modo que hoy no queda prácticamente nada de su ornamentación primitiva.

La Meca, si bien está ubicada en una zona muy poco fértil, se caracterizó siempre por ser un importante centro comercial, intermedio entre los caminos de la India, Siria y Egipto. Por ello se convirtió en una ciudad rica, que manifestaba grandes diferencias sociales que contrastaban con la sencillez patriarcal de los clanes nómadas.

Decíamos que antes de Mahoma, las tribus árabes habían tenido una gran variedad de cultos, y ello se evidencia especialmente en la Caaba. En el santuario cúbico de La Meca había toda clase de figuras sagradas, en número de 360, como días tiene el año lunar. La Caaba, además de la piedra negra que sobrevive, reunía todo el eclecticismo del mundo antiguo. Según la tradición, el santuario habría sido consagrado por Abraham y su hijo Ismael, padre de los árabes, pero tenía toda clase de estatuas, incluso algunos textos incluyen un icono de Jesús y de María. Entre los cultos que se adoraban en la Caaba, los más extendidos eran los del Sol y de los principales astros. Y, debido a que los árabes habían tomado de los pueblos con los cuales comerciaban muchas de sus divinidades, su Panteón (templo dedicado a todos los dioses) estaba casi tan poblado como el famoso Olimpo grecorromano.

Una divinidad suprema se caracterizaba por su trascendencia, moraba en los cielos y no tenía imagen. Convivía con cultos de fecundidad, a los que estaba vinculado el pozo nutricio de Zamzam, con rastros de hermetismo, zurvanismo; culto al tiempo, animismo y totemismo. En la Caaba había de todo: figuras mediadoras; diosas helenísticas, ángeles iranios, «yinn».

La influencia de los astros, que encabezaba Athar, un dios-rey estelar, fue abatida por el Corán (53,30 y 6,76), aunque el papel icónico de la luna recoge un cierto papel de la divinidad masculina «qamar». El Corán, como veremos, reprueba las pervivencias paganas, entre ellas, una divinidad femenina, «Dtat-Gimyam», el Sol. Por ello, el rito musulmán pone mucho cuidado en no regirse por las posiciones anuales del astro, para evitar toda confusión con esta adoración. La fiesta de la primavera en Irán sería un ejemplo de pervivencias paganas excepcionales.

Así, el árabe del siglo VII combina en su religión diversas tradiciones antiguas con una tendencia unificadora. A la multitud de dioses se opone la similitud de cultos, que aproximan a los clanes, con un cierto paralelismo con las ferias comerciales. Es decir, existían gérmenes de unidad entre aquella variedad de cultos de Arabia, y le bastó a Mahoma desarrollar dichos gérmenes para llevar a cabo la empresa de unificación que había acometido. Hay importantes influencias extranjeras: iranies, bizantinas, judías. La poderosa personalidad de Mahoma y la atmósfera profética de la Arabia del año 600 se sumarían para posibilitar una gran revolución religiosa.

Es que en todo este complejo contexto, Mahoma, miembro de la tribu de Coraix, un camellero en situación holgada tras su matrimonio con una viuda rica, dice recibir el Corán, primero en una visión de conjunto y luego en detalle y por entregas (años 612-632), mediante la recitación que del mismo le haría el arcángel Gabriel. Esta «dicción directa», concepto bien diferente al de inspiración, será un importantísimo determinante de esta revolución religiosa del siglo VII, como veremos más adelante.

EL GERMEN DEL MONOTEÍSMO

A pesar de que, en general, los beduinos nómadas acudían a La Meca a adorar a un conjunto de dioses, no podemos obviar el hecho de que, incluso en esa época, muchos árabes adoraban a un solo Dios. Incluso había quienes ya en tiempos de Mahoma practicaban el cristianismo o el judaísmo, los cuales eran bastante numerosos. A éstos se los llamaba *hanyfes*, título que Mahoma se complacía en aplicarse, y no solo admitían un Dios único —lo cual es uno de los principios fundamentales del Corán—, sino que enseñaban que el hombre debe someterse a la voluntad de Dios de un modo tan absoluto como Abraham cuando se disponía a degollar a su hijo Isaac. No sin razón ha podido, pues, Mahoma decir en el Corán que había habido musulmanes antes de él.

Ocurre que esta concentración de dioses en la Caaba de La Meca a la que hacíamos referencia, hacía posible la fusión de los diversos cultos en uno solo, resultado facilitado también por el hecho de que los adoradores de aquellas divinidades hablaban la misma lengua. Había llegado el momento en que todos los árabes podían unirse en una sola creencia. Así lo comprendió Mahoma, y esto le dio la fuerza que tuvo. Lejos de pensar en fundar un culto nuevo, según a veces se repite, se concretó a predicar que el único Dios verdadero era el fundador de la Caaba, que toda Arabia veneraba, es decir, el Dios de Abraham.

«LOS DÍAS DE LA IGNORANCIA»

La influencia del Islam ha sido tan grande que prácticamente relegó a un papel excesivamente secundario las creencias anteriores a éste. Por ello, es poco lo que se conoce, en general, de los cultos árabes anteriores. Pero lo cierto es que los hubo, que fueron variados y que contaron con muchísimos adeptos.

A esos tiempos anteriores a Mahoma se los suele llamar, no sin cierto desprecio, «los días de la ignorancia». Sin embargo, no podemos pasar por alto que son parte de la herencia cultural árabe.

Se dice que en la península árabe había un difuso politeísmo, y en cierto sentido lo había, pero también se registraban importantes corrientes tales como el cristianismo con diferentes matices (ortodoxos) y heterodoxos (nestorianos, jacobitas y otros monofisistas y variantes del gnosticismo). La otra poderosa influencia era la que provenía del Irán con el mazdeísmo como religión de Estado. Numerosas tribus eran judías, incluso habían tenido un fuerte aumento en sus conversiones; al fin de cuentas era una religión que no estaba ligada a ningún Estado, al igual que los entonces muy potentes imperios bizantino (cristiano) y sasánida (zoroastriano).

El judaísmo se había introducido en Arabia en una época muy remota, pero vaga e imperfectamente. No obstante, muchos de sus ritos y ceremonias habían quedado implantados en el país. Más tarde, cuando la Palestina fue arrasada por los romanos, muchos judíos se refugiaron en comunidades, adquirieron la posesión de fértiles comarcas, edificaron castillos y fortalezas y llegaron a tener un poder e influencia considerables.

La religión cristiana también tenía adherentes entre los árabes. El mismo San Pablo declara en su *Epístola a los Gálatas* que poco después de haber sido llamado a predicar el cristianismo entre los gentiles, fue a «Arabia». También las disensiones que estallaron en la Iglesia Oriental, al comienzo del siglo III, dividiéndola en sectas, condujeron a muchos al exilio en las remotas regiones del Oriente, llenando los desiertos en varias de las principales tribus.

Hay muchas referencias a la influencia cristiana, pero desde la referencia coránica, más importante es la influencia judía. Formaban grupos apartados aunque ocasionalmente en estrecha alianza con alguna tribu árabe, como los judíos de Khaibar con los beduinos thaqif. Lo que no podemos pasar por alto es que en los oasis del sur de Arabia había colonias judías, con rabinos y escuelas, y también cristianos, como en el oasis de Najran. Incluso en La Meca se nos habla de la presencia de esclavos, monjes y mercaderes cristianos. Uno de estos últimos, que leía hebreo, era primo de Jadiya, esposa de Mahoma. Este personaje, Waraqa ben Nawfal, conocía la Biblia. Un primo de Mahoma se hará cristiano al emigrar a Etiopía, en vida de éste.

No sabemos a qué secta podían pertenecer estos árabes cristianos, pero debía ser una corriente marginal respecto al conjunto. En efecto, la doctrina del Corán se parece más a un judaísmo con algunos elementos cristianos que al cristianismo de los Evangelios y la gran iglesia.

Pero además de estas sectas cristianas y judías, había también mandeanos (mal denominados «cristianos de San Juan») porque si bien es cierto que su origen está en los discípulos de Juan *el Bautista*, no se consideran cristianos. Los sabeos, por su parte, tenían una forma de adoración al cielo o uránica cuya influencia era mayor en la zona yemenita, pero que se extendía por toda la Península. Y finalmente debemos mencionar a los ermitaños de origen cristiano, judío, sabeo, gnóstico, pero que mayoritariamente se habían separado de sus comunidades, tanto porque no acordaban con la jerarquía como porque no estaban de acuerdo con ciertos principios.

UN MOSAICO RELIGIOSO

Prestaremos una especial atención a algunos de estos grupos religiosos minoritarios porque no sólo son poco conocidos sino que también han tenido y tienen notable influencia en el Islam y en la elaboración del Corán.

Comenzaremos por el sabeísmo, cuyos principales teólogos fueron Henoc y Sabi. No eran politeístas en el sentido estricto pues adoraban a un solo Dios (*Allah Taala*), pero consideraban como agentes de éste a los Siete Ángeles que presidían los astros y los llamaban *al-Ilaat*. La fe sabea inculcaba la creencia en la unidad de Dios, la doctrina de una vida futura con recompensas y castigos, y la necesidad de una vida virtuosa y santa para obtener una inmortalidad feliz. El respeto de los sabeos por el Ser Supremo hacía que jamás pronunciaran su nombre, ni se atrevían a dirigirse a Él, sino por medio de inteligencias intermedias o ángeles que habitaban y animaban los cuerpos celestes. Al dirigirse a las estrellas no las adoraban como divinidades, sino solamente buscaban hacer propicios a sus angélicos ocupantes como intercesores.

Entre sus prácticas religiosas ocupaba un lugar relevante la oración, que realizaban tres veces al día, con la faz orientada hacia el sur o hacia el planeta (*Kibla*) que veneraba cada tribu. Por ejemplo, los Imiaritas (familia reinante en el Yemen) tenían al sol; la tribu de Canenah a la luna; otros a Mercurio, a Júpiter o Venus.

Sin embargo, el sabeísmo popular tenía no ya divinidades pero sí «espíritus protectores» de cada tribu e incluso de cada familia, que fueron paulatinamente elevados a una categoría semidivina, en un grado parecido al de los *lares* y *penates* de la antigua Roma. Precisamente en la Kaaba de La Meca se exponían todos estos «santos patronos».

El sabeísmo también está presente en la creencia en los genios (*djinns* e *ifrits*) y en costumbres tales como el llevar un guijarro del solar nativo cuando se marchan de él y lo sostienen en sus plegarias cotidianas. Es como si tuviera una singular fuerza espiritual relacionada con su lugar de origen.

Otro de los grupos que conformaron este mosaico preislámico es el de los mandeanos, cuyo nombre en arameo oriental —su lengua litúrgica— significa saber o conocimiento. Hay varias teorías sobre su origen, pero se calcula que puede establecerse alrededor del siglo I a.C. Según algunos investigadores, pudieron haber sido discípulos de Juan *el Bautista*, mientras que otros afirman que quizá hayan sido una continuidad de los esenios. Estos últimos se basan en narraciones que relatan la huida de un grupo llamado los nasoreanos, en los años que siguieron a las guerras judías y a la destrucción de Jerusalén en los años 70 d.C.

Es importante destacar que en la cosmología de los mandeanos, el Universo está constituido por dos fuerzas: el mundo de la luz, situado al norte, y el de las tinieblas, al sur. Su ética ritual es bastante similar a la judía en lo referente a la monogamia, leyes dietéticas, degüello de animales y limosnas. Este grupo tuvo influencia entre los ermitaños, entre ellos un ex-monje nestoriano presumiblemente llamado Sergio, con quien solía conversar el profeta Mahoma.

De todas formas, entre los grupos cristianos más influyentes en la península arábiga están los nestorianos y los jacobitas. ¿Cuál fue el origen de estas iglesias? A principios del siglo v d.C., se enfrentaban dentro de la Iglesia Cristiana dos concepciones acerca de la persona de Cristo, en el sentido de entender sus dos naturalezas: la humana y la divina. La escuela de Antioquía sostenía la separación de ambas, mientras que la escuela de Alejandría defendía la unión. Nestorio, obispo de Constantinopla desde 428, había estudiado en Antioquía y llevó el criterio de sus maestros hasta las últimas consecuencias.

Si bien popularmente su importancia fue relativa, tuvo una seria disputa con Cirilo, obispo de Alejandría, que se lanzó resueltamente en su contra. ¿Qué fue de los nestorianos? Aunque su principal impulsor fue sancionado, en el año 483 vio su nacimiento la iglesia nestoriana.

Los nestorianos se propagaron hacia el norte de Arabia, la India (donde se los llamaba «Cristianos de Tomás»), las costas de África, y por toda el Asia Central hasta China.

Los jacobitas o monofisistas eran otra iglesia cristiana con predicamento en Arabia, su origen está en una reacción frente al nestorianismo. Tanto en su variante pura como moderada (monotelismo) tuvieron influencia en Siria, Líbano y norte de la península arábiga.

Al profeta Mahoma no le eran para nada ajenas las disputas entre las distintas corrientes cristianas, aunque según los historiadores simpatizaba, en última instancia, más con el nestorianismo que con los monofisistas.

Más allá de estos grupos, no podemos dejar de mencionar a una secta judeocristiana que tuvo una enorme influencia en la vida y el pensamiento de Mahoma: el ebionismo. Sus seguidores creían en Jesucristo, y lo consideraron el profeta mayor entre todos los profetas. En cambio, no admitieron su divinidad ni que fuera hijo de Dios. Sostenían que había sido un hombre como los demás hombres, que recibió la Revelación sólo después de que fue bautizado por Juan *el Bautista*. Afirmaban que la misión de Jesucristo había consistido en enseñar y predicar, pero que en modo alguno podía haberse tratado de una misión salvífica de la humanidad.

Los ebionitas aceptaban únicamente el evangelio de Mateo, al que llamaban «el Evangelio según los hebreos». Se trata de uno de los evangelios apócrifos, según la tradición eclesiástica. Sus preceptos se centran en diversas abluciones con agua, en la abstención de las carnes sacrificadas a los ídolos. Los ebionitas insistían en las obras de justicia, el cuidado de los huérfanos, de los pobres, menesterosos y extraños; aconsejaban preocuparse de los necesitados, dar de comer al hambriento y posada al huésped y al peregrino. De hecho, el término ebionita significa «pobre» en base a lo que enseñó Jesús: «Bienaventurados los pobres» (en hebreo: «Bienaventurados los ebionitas»).

A esta secta pertenecieron la mayor parte de los sacerdotes de Qumrán después de la destrucción de Jerusalén; muchos de ellos emigraron y se establecieron en el Hijaz, donde recibieron la adhesión de algunas tribus árabes.

Frente a todo este complejo panorama religioso, Mahoma intentará no crear una nueva religión sino volver al culto original de Abraham e Ismael, y en el mejor de los casos ser un «profeta árabe» que supere a Henoc (Hud) y Sabi (Salé).

EL PAPEL DE WARAQA IBN NAWFAL

En la vida de Mahoma, pero sobre todo en lo que se refiere a su formación religiosa, hay un personaje que tuvo una enorme importancia, al que los historiadores le asignan un papel fundamental. Se trata de Waraqa ibn Nawfal bin Asad ibn Abdul Uzza, primo de Jadiya (la primer esposa y primera discípula del profeta Mahoma). Este hombre ejerció una notable influencia en el Profeta, no sólo porque era cristiano (un tanto heterodoxo, en verdad), sino también porque conocía tanto las sagradas escrituras hebreas como las cristianas (incluyendo las versiones gnósticas, también llamadas apócrifas, donde se abunda en detalles de la vida de Jesús, los cuales son tomados casi literalmente en el Corán).

¿A qué corriente de pensamiento cristiano pertenecía Waraqa ibn Nawfal? Concretamente no se sabe, tampoco si efectivamente había pertenecido al clero, lo cierto es que era una de las pocas personas que tenía acceso a las Sagradas Escrituras tanto hebreas como cristianas, lo mismo a la vasta literatura de origen gnóstico, que posteriormente serían los denominados «libros apócrifos». E incluso se sabe que empleó las letras hebreas para escribir en árabe y para copiar y hacer comentarios teológicos.

Waraqa, al igual que su prima Jadiya, pertenecía a la tribu árabe de los Qurays, guardianes del santuario de la Caaba y ciudadanos de La Meca. Los tres descienden directamente de Qusai, quien fue jefe de La Meca y señor de la Caaba. Después de expulsar a las tribus rivales, Qusai juntó a las pequeñas familias dispersas por los alrededores de La Meca, y formó una gran tribu que llamó Qurays. De modo que tanto Waraqa como Mahoma como Khadiya eran de una misma tribu, lo cual implica entre los árabes misma alcurnia social, un mismo abolengo y —lo que nos interesa— «una misma religión».

Como hemos visto, muchas tribus árabes abrazaron el cristianismo, y de modo especial se señalan varias tribus de La Meca y del Hijaz, y particularmente la tribu de los Qurays. Esta constatación justificaría sobradamente la existencia de un sacerdote (jefe espiritual) a la cabeza de todas estas pequeñas tribus, cuya función primordial consistiría en administrar sus asuntos espirituales, temporales y sociales; y éste sería precisamente el sacerdote Waraqa ben Naufal, sacerdote (jefe) de La Meca y el clan de los Qurays.

Waraqa, según diversas fuentes, creía en Jesús como enviado a Israel y como Profeta, pero no como hijo de Dios. También rechazaba los dogmas de la Crucifixión y la Resurrección, optando por el criterio de los gnósticos discípulos de Basílides (y también de los maniqueos), que decían que Jesús había sido reemplazado por un ser equivalente (*Corán* 4,156) para sufrir la muerte ignominiosa mientras el verdadero Jesucristo ascendía a los cielos (*Corán* 3,48). Por ello, muchos piensan que Waraqa pudo haber pertenecido a la secta de los ebionitas antes mencionada.

Pero, ¿por qué mencionamos y otorgamos tanta importancia en esta obra a Waraqa? Mahoma lo frecuentó con asiduidad durante cuarenta y cinco años, y los amplios estudios sobre la relación que había entre ambos hablan de un papel fundamental de Waraqa en el profetismo de Mahoma.

La genealogía de Waraqa, su rango, el haber sido un jefe religioso en La Meca, su parentesco con el profeta y con su esposa Jadiya, su celo religioso y la observancia de las prácticas religiosas, todo ello no hace más que abonar la hipótesis de que este personaje debió de ser una guía espiritual importante para Mahoma.

Algunos estudiosos sostienen que es probable que Waraqa tuviera como objetivo hacer de Mahoma su sucesor a la cabeza de su tribu en La Meca, para que completara su obra espiritual entre los árabes, para unificar los Libros revelados y las creencias religiosas.

No podemos dejar de detenernos en un detalle que hemos mencionado casi al pasar: Waraqa era capaz de traducir el Evangelio del hebreo al árabe, lo que indica que conocía perfectamente, además del árabe, también la lengua hebrea de la cual traducía. Pero es importante destacar que el Evangelio que empleaba y a cuyo estudio se dedicaba con asiduidad en su arabización, se supone era el Evangelio conocido en la Iglesia como «Evangelio según los hebreos» o «el Evangelio hebreo».

Esta importante función es digna de tenerse en cuenta. Ella nos pone de manifiesto el papel desarrollado por Waraqa en la comunidad de La Meca y su competencia para arabizar el Evangelio de los Hebreos y para imponer su traducción como auténtica y canónica a los árabes cristianos de La Meca. El Corán árabe conoció sin duda muy de cerca el evangelio que Waraqa ibn Nawfal tradujo al árabe, o sea el evangelio del que tomaban los ebionitas sus doctrinas y preceptos. Es probable que ésta sea la fuente de muchas de las parábolas que indirectamente se citan en el Corán, como la de la semilla que fructifica y crece, y que analizaremos a su tiempo.

EL ISLAMISMO,
LA TERCERA RELIGIÓN MONOTEÍSTA

El judaísmo, el cristianismo y el islamismo tienen una raíz común: su fe, en las tres, se fundamenta en un texto revelado, y adoran a un solo Dios. Es por eso que no podemos pensar en ninguna de ellas, y menos aún en el islamismo, de una manera independiente, sin remitirnos a las otras dos. Como hemos visto, el islamismo no niega el Antiguo Testamento; de hecho, los musulmanes se consideran, al igual que judíos y cristianos, como descendientes de Abraham. Claro que, además de las muchas similitudes y creencias en común, los puntos de divergencia son numerosísimos, y son los que provocan, en definitiva, que estas tres religiones que adoran al mismo dios no puedan llegar a un acuerdo hoy día.

Uno de los primeros puntos que siempre debemos tomar en consideración es que el monoteísmo es una aventura histórica que se desarrolló inicialmente en una zona geográfica muy concreta de Oriente Medio. Actualmente, se calcula que el monoteísmo, sumando las tres religiones que lo profesan, supera por mucho los 2.000 millones de individuos. Aunque no es sencillo realizar un cálculo real de cuántos seguidores tiene cada una, se estima que el judaísmo cuenta con entre 15 y 18 millones de individuos, el cristianismo con 1.200 millones y el Islam con 1.000 millones. El monoteísmo representa, entonces, el pensamiento y las creencias de un tercio de la humanidad. Pero la verdad es que, aunque desde un punto de vista occidental a veces creamos que el monoteísmo es universal, no hay nada más lejos de ello.

Lo cierto es que existen 4.000 millones de hombres y mujeres para quienes la idea de que un Dios Único es el Creador de todas las cosas y de los hombres, a los cuales ha enviado Profetas para revelarles la Ley a seguir, no está en su esquema mental. Quienes se consideran monoteístas, en cualquiera de las tres religiones mencionadas, creen que esta Ley ha sido puesta por escrito en un Libro revelado (la *Torá*, para los judíos; los Evangelios, para los cristianos, y el Corán, para los musulmanes), y el hombre que la sigue gana el Paraíso, mientras que el que la desobedece es arrojado a los tormentos del Infierno. Se puede decir que los tres monoteísmos tienen como mínimo estos puntos en común, puntos que conforman una representación mental que instaura una clara diferencia con los restantes 4.000 millones de individuos.

Según cuenta la historia del Islam, cuando Mahoma, de pequeño y acompañado por sus familiares, se dirigía en peregrinación a La Meca y observaba la idolatría que se practicaba en la Caaba rodeada de 361 ídolos, crecían en él deseos de regresar a los orígenes. Es decir, sus ideas se orientaban hacia una reforma religiosa que recuperase la religión que en los inicios de los tiempos fue revelada a Abraham, y que inculcaba la adoración de un solo Dios, el creador del universo.

Mahoma afirmaba que esta religión revelada por Dios en los tiempos primitivos se había corrompido por la idolatría, a pesar de que una serie de profetas habían sido enviados a lo largo del tiempo, para animar a vivirla en su pureza originaria. Es el caso de Noé, Abraham y Moisés, también de Jesús, que intentaron que la verdadera religión

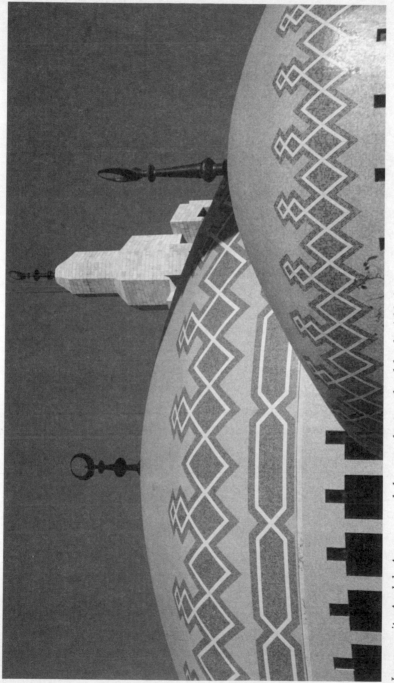

La mezquita Azul de Aman, uno de los grandes templos del culto islámico.

volviera a ser restablecida sobre la faz de la tierra, pero nuevamente había sido viciada por sus sucesores. Mahoma se consideraba como el último profeta que debía realizar una nueva y definitiva reforma, dirigida en primer lugar al mundo árabe.

LOS ORÍGENES DEL POLITEÍSMO

Hemos visto que la situación de politeísmo previa al nacimiento del Islam, mezclado con grupos judíos o cristianos no se dio, en modo alguno, de un día para otro. Remontándonos a los orígenes de la civilización árabe, y según la versión de los intérpretes musulmanes, Arabia fue habitada poco después del Diluvio por los descendientes de Sem, uno de los hijos de Noé, que se fueron agrupando en una multitud de tribus, muchas de ellas ya desaparecidas, en los vastos y profundos desiertos.

Al casarse Ismael, el hijo de Abraham y de Agar, la esclava, con la hija de un príncipe del linaje de Kathan, un hebreo de la estirpe de Abraham, se enraizó hondamente en el tronco árabe. Ismael tuvo doce hijos, príncipes de sus respectivas tribus, y fueron los progenitores, tanto de los nómadas y pastores que habitaron la Arabia desértica, llamados «los piratas del desierto», como de los árabes que residían en las ciudades y fortalezas. En estas épocas, los árabes estaban divididos y subdivididos en muchas tribus y familias, con sus respectivos príncipes o emires, que hacían de patriarcas.

Los musulmanes hablan de los «días de la ignorancia» refiriéndose a estos remotos tiempos, en que las numerosas tribus participaban básicamente de diferentes credos extendidos por el mundo oriental, marcando su decisiva influencia el alejamiento de la religión primitiva revelada a Abraham.

Entonces, ¿qué influencias recibió Mahoma en la confección de su doctrina islámica, que alimentaron durante largo tiempo sus meditaciones religiosas, y que paulatinamente fue plasmando en el Corán? Es decir, ¿cómo llegó Mahoma a rechazar el politeísmo extendido en su época, para abrazar el monoteísmo del judaísmo y el cristianismo? Según los estudios que se han realizado sobre su vida, no hay una sola fuente de la que Mahoma pudo haber bebido, sino varias. Lo más probable es que, junto a las numerosas leyendas y tradiciones de los pueblos árabes interpretadas desde sus concepciones religiosas, que el Profeta hábilmente supo asimilar para su nueva fe, recibió también la influencia de las tradiciones judías escritas en la *Torá*, y en especial las sentencias jurídicas del *Talmud*.

Tenemos que tener en cuenta que desde épocas lejanas el judaísmo se había introducido en Arabia. Es por eso que muchos de sus ritos, ceremonias y tradiciones se integraron en las costumbres del país. Posteriormente, y en los inicios de la era cristiana, una nueva oleada de judíos se refugió en Arabia, huyendo de los ejércitos romanos que arrasaron Palestina y Jerusalén. Estos grupos judíos adquirieron tierras fértiles, y se mezclaron con las tribus y los habitantes de las ciudades.

Otra importante fuente de su conocimiento de la Biblia procedía de un primo de su mujer, llamado Waraka, que fue su mentor, a quien nos hemos referido en el capítulo anterior. Recordemos que Waraka, aficionado a la astrología y a las lenguas, y que había profesado la fe judía y después la cristiana, fue el primero que tradujo al árabe algunas partes del Antiguo y del Nuevo Testamento.

Además, debemos recordar que el cristianismo ya había penetrado en Arabia. Uno de los primeros testimonios de que así fue es una epístola que San Pablo escribe en *Gálatas*, donde menciona que después de predicar a los gentiles «se fue a Arabia». Sin embargo, el cristianismo no llegó a adquirir una fuerza considerable, debido en buena medida a la fragmentación que sufrieron sus seguidores. Hacia el siglo III, debido a las disensiones internas de la Iglesia Oriental, los diversos y prometedores grupos cristianos existentes en varios rincones y ciudades de Arabia, quedaron fragmentados en diversas sectas. Mahoma tuvo la posibilidad de obtener una amplia información del cristianismo a través de esta diversidad de sectas, especialmente la que recibió a través de los monjes nestorianos, a los que nos hemos referido con anterioridad.

Resumiendo, podemos indicar cuáles fueron las tres fuentes que forjaron la doctrina del islamismo, dos de las cuales son, sin lugar a dudas, elementos del cristianismo y el judaísmo.

Las tradiciones, leyendas y costumbres de las antiguas religiones, de los llamados «días de la ignorancia». Desde mucho antes del nacimiento de la fe musulmana, los árabes eran religiosos, aunque contaban con una enorme cantidad de cultos. Sin embargo, ya hacían peregrinaciones a la Caaba, realizaban sus ayunos y plegarias, rezaban tres veces al día en dirección a La Meca. Estas tradiciones, lejos de perderse, se fueron trasmitiendo a través de las diversas generaciones, que Mahoma supo recoger, con algunas modificaciones, en sus *aleyas* distribuidas por los distintos capítulos o *azoras* del Corán.

La influencia de las tradiciones judaicas, especialmente del dogma. La Torá o ley mosaica, al igual que el conjunto de leyes escritas en la codificación jurídica del Talmud, como es el caso de diversas sentencias relativas al matrimonio, al divorcio y la herencia; las relativas a la legislación civil y criminal, a las que hacen alusión a los sacrificios y rituales, etc., fueron recogidas en el Corán y en la Sunna, aunque con otra forma.

Ideas como la misericordia, la limosna, los ayunos, el perdón, las bienaventuranzas, el amor a los fieles, etc., tienen, sin dudas, su origen en las Sagradas Escrituras. En ocasiones, pasajes del Corán presentan notables semejanzas con los pasajes Evangélicos Esta influencia de las Sagradas Escrituras llegó al Islam tanto por las traducciones que se hicieron al árabe, como por la relación de Mahoma con sectas cristianas que habitaban en algunas ciudades de Arabia. El frecuente trato con los monjes nestorianos, como ya hemos apuntado, fue un factor decisivo de su conocimiento del cristianismo.

«NO HAY MÁS DIOS QUE ALÁ»

El Islam, para los musulmanes, no es sino la restauración a su pureza original, a través de la revelación al profeta Mahoma, del monoteísmo esencial que Dios había venido revelando a los hombres ya desde Adán, primer hombre y primer profeta, y otros profetas posteriores, como Abraham, Moisés, Jesús, y otros muchos.

El monoteísmo, desde esta perspectiva, se había visto comprometido como resultado de las desviaciones que, paulatinamente, habían ido separando a los hombres de las revelaciones hechas a los profetas anteriores. Se hacía necesaria, pues, una nueva revelación, esta vez definitiva y universal, que restableciera de manera firme, clara y precisa, la relación directa entre el hombre y su dios. El Islam, entonces, no es, para los musulmanes, una religión creada «ex novo», «inventada», sino la cumbre del monoteísmo.

Es por eso que el Islam no niega las revelaciones anteriores, sino que las sitúa en un nuevo contexto. Las considera, de alguna manera, pasos previos a la revelación última. Porque el Islam hace innecesarias revelaciones posteriores, por cuanto considera que ha restituido el monoteísmo a su lugar originario. Es por esto que los musulmanes la consideran como la última revelación antes del final de los tiempos.

La fe islámica consiste en creer en:

- El Dios Uno y Único.
- Sus ángeles, seres espirituales a los que asigna diversos cometidos.
- Sus libros y mensajeros, es decir, en un único mensaje revelado por Dios a los muchos profetas para que lo transmitieran a los hombres.
- La resurrección y el Día del Juicio.
- La predestinación y el libre albedrío, puesto que, si bien el hombre tiene capacidad de elegir, nada puede ocurrir sin la predeterminación y conocimiento por parte de Dios.

Estos son los pilares de la fe, que tienen sus contrapartidas en lo que se refiere a la observancia. El musulmán debe: dar testimonio de que no hay más dios que Dios y que Mahoma es su profeta; rezar, de acuerdo a las condiciones prescritas por la Ley (*Sharia*); pagar el *Zakat*, o limosna obligatoria; ayunar durante el mes de Ramadán desde el alba hasta la puesta del sol; y realizar el *Hajj*, la peregrinación a La Meca, al menos una vez en la vida, si ello le es posible.

ABRAHAM, EL PRIMER PROFETA

Hemos visto que el aspecto fundamental que hermana a las tres religiones monoteístas es la creencia en un único dios, que tiene un nombre diferente en cada una de ellas: Jehová, Dios o Alá. Las tres contienen el mismo mensaje (Dios es uno), pero además reconocen a Abraham como patriarca, pues fue el primer hombre que llamó «mi Señor» al Dios universal, al Dios de todas las naciones. Según los seguidores de estas tres religiones, nadie lo había hecho antes que él. Abraham invocó a «su Señor» —que en hebreo es Adonai, es decir YHWH, el nombre de cuatro letras—, no a los dioses en general, sino al único Dios, tal como reza la profesión de fe de los judíos: «Escucha, Israel, YHWH nuestro Dios, YHWH es uno» (*Deuteronomio* VI, 4).

El Islam, evidentemente, concede gran importancia al patriarca bíblico, que ocupa además un lugar central en el Corán. Es, de hecho, el personaje del Antiguo Testamento más citado: su nombre aparece unas setenta veces y en veinticinco *suras*, treinta y siete pasajes y ciento cuarenta versos. Y aparece en textos de todas las épocas de la predicación de Mahoma, desde los comienzos de sus actividades en La Meca, hasta el final del tiempo transcurrido en Medina.

Para Mahoma, Abraham era considerado nada menos que el profeta por excelencia del monoteísmo. El patriarca era, para él, un destructor de ídolos, a quien su intransigencia le había llevado a la persecución del politeísmo con un celo ejemplar. Por eso, Mahoma tiene una premisa elemental: el Islam no es otra cosa que la religión de Abraham, y, en consecuencia, el patriarca sería el primer musulmán, y por tanto la piedra angular del monoteísmo.

Cuando Mahoma comenzó a predicar, no dejó lugar a dudas con respecto a las fuentes de que abrevaba. Él mismo decía basarse en «los libros de Abraham y de Moisés», para demostrar que su predicación era la continuidad de la predicación de sus predecesores. Había dos aspectos en el patriarca que Mahoma se ocupaba de destacar: su lucha contra la idolatría, y la alusión del sacrificio de su hijo Isaac en Génesis 22, con el matiz de que el patriarca había decidido inmolar a su hijo con el consentimiento de éste, sin aclarar si era Isaac o Ismael (*sura* 37,102-108).

Mahoma no sólo se decía el continuador de la misión del patriarca, sino que incluso buscó, conscientemente o no, retener y repetir ciertos rasgos de las tradiciones sobre Abraham hasta hacerlos propios, para confirmar su experiencia personal y demostrar su continuidad con el patriarca bíblico. En general, podríamos decir que Mahoma hizo más hincapié en las tradiciones judías que en lo escrito en el Antiguo Testamento, probablemente porque lo que allí dice no llegó de primera mano al profeta.

JUDAÍSMO, CRISTIANISMO E ISLAMISMO: EQUÍVOCOS HABITUALES

El monoteísmo, como decíamos, no es una idea universal, pero se cuentan por centenas de miles sus seguidores. Esta concepción del hombre y del mundo está presente, históricamente, alrededor del Mediterráneo. Actualmente, la ribera norte del Mediterráneo, o sea los países europeos, son cristianos; la ribera sur, o sea el Magreb y Egipto, son musulmanes, y la ribera este es mayoritariamente musulmana con áreas no despreciables donde se ha implantado el judaísmo, como es el caso de Israel (cuatro millones), o el cristianismo, como es el caso del Líbano (un millón). Cada una de estas tres grandes corrientes de pensamiento religioso ha desarrollado una importante reflexión sobre su propio origen y ha construido un sistema coherente basado en todo lo que deriva de este origen. Esta coherencia es sentida por cada una de estas corrientes como la verdad, como la única verdad posible.

Estas tres religiones son denominadas las religiones del Libro, y son a la vez las que adoran a un solo dios. Es importante recordar este vínculo, pues implica que el Libro y el Dios reunificado son una misma realidad trascendente. Entonces, si tienen esta importante base en común, ¿cómo es posible que la relación entre ellas sea tan áspera? Las encarnizadas disputas entre las diferentes religiones monoteístas que se han producido a lo largo de los siglos, motivadas por la necesidad de negar los dogmas de las demás tradiciones para reafirmar la propia, han oscurecido la profunda unidad que constituye el fundamento de las tres. Aunque todas nieguen muchos de los preceptos de las otras, no podemos dejar de pensar que, en realidad, ni Jesucristo vino a abolir la Torá (sino a darle cumplimiento), ni Mahoma pretendió otra cosa que recuperar el sentido primero de la religión de Abraham, sin negar en ningún caso la autenticidad de sus predecesores.

Así pues, ¿por qué el judaísmo, el cristianismo y el islamismo no pueden entenderse teológicamente? La respuesta se encuentra, en buena medida, en el hecho de que la coherencia de cada uno, sentida como la única verdad, excluye la coherencia del otro, y en que cada uno reclama una legitimidad que niega la del otro.

Si seguimos una perspectiva cronológica, es probable que tengamos la sensación de que no hay, entre las tres religiones, sustanciales controversias. Sabemos que el judaísmo se atribuye como verdadero fundador a Moisés, quien se supone vivió durante el siglo XIII a.C. El cristianismo, por su parte, proviene de una comunidad judía, cuyo fundador es un tal Jesús de Galilea, cuyo nacimiento, hace unos dos mil años, se ha adoptado como inicio de un nuevo calendario. Finalmente, el Islam aparece con su fundador Mahoma en el siglo VII de la era cristiana. Sin embargo, cuando comenzamos a plantearnos una historicidad más científica, nos topamos con posiciones irreconciliables, dado que la historia de los acontecimientos se acerca constantemente a un mito diferente.

El Islam, como hemos visto, aparece siete siglos después del cristianismo y veinte después del judaísmo, del cual ha tomado prestadas gran número de tradiciones. Pero lo más importante, para el tema que nos ocupa, es que esta nueva religión define su legitimidad en relación con los dos monoteísmos precedentes. La consigue desarrollando la creencia en un Libro Único —el Corán—, revelado a Mahoma por mediación del ángel Gabriel. Lo que busca, dice, es devolver la pureza a los dos Mensajes anteriores. Mahoma es, de esta forma, el último Profeta enviado por Dios para restablecer el verdadero monoteísmo.

Según los musulmanes, existe todo un conjunto de razones que pueden probar de manera irrefutable la misión profética de Mahoma. Entre estas razones, no podemos dejar de mencionar la tesis de la falsificación de las Escrituras por parte del judaísmo y del cristianismo. ¿Por qué la *Torá* y el Evangelio serían falsos? El islamismo arguye dos razones principales: la primera es que esas Escrituras ocultan la buena nueva de la venida de Mahoma; la segunda, que el Mensaje inicial ha sido diversificado en numerosas versiones, como por ejemplo el Evangelio, que los cristianos han trascripto en cuatro ejemplares donde abundan numerosas contradicciones, sin mencionar los numerosos evangelios apócrifos que se han dejado de lado.

El Islam, al acusar a los monoteísmos anteriores de falsificación, lo que hace es juzgar a los demás a partir de sí mismo, lo que impide, finalmente, el acercamiento. Lo que ocurrió, según la tradición, fue que cuando el tercer califa, Utman, logró reunir en un solo *corpus* la Revelación atribuida a Mahoma e hizo suprimir toda divergencia con la recensión así obtenida, las sucesivas generaciones de teólogos juzgaron los otros monoteísmos a la luz de su propia organización religiosa. Al Corán único, considerado como Palabra de Dios, le tenía que corresponder otra Escritura única revelada a los judíos y luego a los cristianos. La pluralidad de libros de la Torá y los cuatro evangelios no podían ser más que la prueba irrefutable de la falsificación del Relato primordial.

El hecho es, pues, que el creyente de uno u otro monoteísmo está dispuesto a creer y admitir sin reticencia alguna los mitos de su propio imaginario, pero rechaza los del otro por inverosímiles. Así, por ejemplo, para el judío es completamente normal, explicable y justificable que Dios se aparezca a Moisés en el monte Sinaí, pero no puede más que expresar una completa reserva frente a la idea de un Jesús que resucita o de un Mahoma a quien el ángel Gabriel transmite la palabra divina. De la misma forma, el cristiano tendrá sus reservas sobre la minuciosidad con que los judíos piadosos respetan los preceptos, pero no será consciente de su propio legalismo. Es decir, cada monoteísmo se apresura a subrayar lo que le parece excesivo y, por lo tanto, irracional en el otro, sin por eso tomar conciencia de que él mismo presenta aspectos que cree justificables, cargados de sentido y por consiguiente loables, mientras que para los demás son incomprensibles e incluso ridículos.

Así es como se ha llegado, también, a una multiplicidad de equívocos entre religiones que han impedido el diálogo con el correr de los siglos.

Algunos de estos equívocos son cuestiones culturales, y otros, cuestiones teológicas. Culturalmente, hay diferencias significativas en la forma en que el islamismo, el judaísmo y el cristianismo se relacionan con la sociedad y el gobierno. Los papeles de los sexos son también una fuente de confusión. Teológicamente, hay mucho por clarificar con relación a los papeles respectivos de Jesús y Mahoma en cada una de las tradiciones religiosas, un tema que tocaremos con profundidad en los capítulos siguientes. Si bien estas religiones comparten cosas en común —un Dios, la realidad de una dimensión espiritual, un orden moral universal y un juicio final—, difieren significativamente en los detalles y el tema más crucial de cómo una persona es justificada ante Dios.

Por ejemplo, el islamismo y el cristianismo consideran el predicamento humano de formas diferentes. Según el islamismo, cuando Adán pecó, pidió perdón y Alá se lo concedió. Para los musulmanes, las personas nacen inocentes y permanecen así hasta que cada una se hace culpable por una acción culposa. El islamismo no cree en el «pecado original», y sus escrituras interpretan la desobediencia de Adán como su propia falta personal, una falta de la que se arrepintió y que Dios perdonó. De hecho, es frecuente ver que los musulmanes consideren las faltas humanas como el resultado de olvidos, o simplemente como errores cometidos. Las personas son frágiles, imperfectas, que se olvidan constantemente de Dios y son aún intrínsecamente débiles, pero no tienen una naturaleza pecaminosa. Como resultado, la salvación se gana mediante el cumplimiento diligente de los ritos religiosos prescritos.

La Biblia, por el contrario, enseña que el pecado de Adán ha afectado a toda la humanidad. *Romanos* 5,12 dice: «Por medio de un solo hombre el pecado entró en el mundo, y por medio del pecado entró la muerte; fue así como la muerte pasó a toda la humanidad, porque todos pecaron». Entonces, somos hechos justos no por hacer buenas obras sino por fe en la muerte de Cristo en sustitución por nosotros. Jesús llevó nuestro castigo por la muerte; literalmente, ocupó nuestro lugar y recibió nuestro castigo.

No solo tienen los musulmanes y los cristianos puntos de vista diferentes sobre la naturaleza humana y la salvación, sino que también tienen percepciones disímiles sobre el papel de la religión en el Estado. Los occidentales estamos acostumbrados a la separación de la iglesia y el Estado. Muchos musulmanes, por el contrario, ni experimentan dicha separación ni la consideran como algo bueno. Para quienes toman el Corán en serio, el islamismo y la ley islámica regulan toda la vida. La historia del islamismo apoya la idea de que el Estado debe estar involucrado tanto en la extensión del islamismo como en hacer que las personas musulmanas cumplan sus obligaciones religiosas en las sociedades islámicas.

Comenzando por Mahoma, que era a la vez un líder religioso y político, pasando por los califas y los imperios islámicos, ha habido poca separación entre la aplicación de las leyes religiosas y políticas.

De hecho, el fin último de muchos musulmanes es lo que podría denominarse una paz mundial islámica implementada por la ley islámica. Cuando los musulmanes dicen que el islamismo en una religión de paz, suele entenderse que esta paz ocurrirá sólo cuando el islamismo gobierne el mundo con la ley islámica aplicada universalmente.

Sin embargo, no podemos dejar de mencionar que el cristianismo, en ocasiones, ha tenido puntos de vista similares con relación al uso del gobierno para implementar leyes religiosas. Entre el siglo IV y la Reforma, la práctica cristiana de la tolerancia religiosa ocurrió aisladamente, en el mejor de los casos.

MAHOMA, EL ÚLTIMO PROFETA

Trazar una biografía de Mahoma no es, contra lo que quizá podría suponerse, una tarea sencilla. En una afirmación bien conocida, el erudito francés Ernest Renan escribió en 1851 que, al contrario que los otros fundadores de las religiones importantes, el profeta Mahoma «nació a la luz de la historia». En parte, esto puede ser cierto: si buscamos en cualquier libro de consulta, veremos que hay una serie de hechos sobre los que parece haber consenso: nacimiento en el año 570 d.C. en La Meca, carrera como comerciante de éxito, primera revelación en 610, viaje a Medina en 622, regreso triunfante a La Meca en 630, muerte en 632.

Hay, sin embargo, dos problemas importantes con esta biografía estándar. La vida del Mahoma histórico es más difícil de descifrar, sobre todo si tenemos en cuenta que el primer dato documentado sobre su vida data de un siglo y medio tras su muerte. De hecho, apenas existen fuentes que nos informen sobre los primeros años de la vida de Mahoma, y escasamente en el Corán y la *Sira* (la «vida modelo», la primera biografía de Mahoma) podemos encontrar referencias a su vida.

Es verdad que existe una masiva documentación proveniente de fuentes árabes, que abarcan desde biografías hasta colecciones de la vida y obra del profeta. Sin embargo, este largo lapso de tiempo no sólo arroja dudas sobre su exactitud, sino que la evidencia interna sugiere con fuerza que las fuentes árabes fueron compiladas en el contexto de intensas peleas partisanas acerca de la vida del profeta.

Los textos árabes que han servido como fuentes historiográficas para conocer la vida de Mahoma son obra de eruditos musulmanes posteriores a Mahoma. La mayoría de estas fuentes historiográficas obviamente intentan embellecer lo que otras fuentes históricas muestran como sucesos no tan nobles. Decíamos que los trabajos islámicos sobre la vida de Mahoma más antiguos datan de más de cien años después de su muerte, y la *Sira*, o vida de Mahoma, es el relato más antiguo de su vida que ha sobrevivido. La *Sira* fue escrita por Ibn Ishaq, que murió en el año 768, más de cien años después de la muerte de Mahoma, y todas las versiones de su obra datan de cuando menos una generación después de Ibn Ishaq. Posterior es la *Sira* de al-Waqidi, muerto en el año 822.

Los relatos que aparecen en estas obras no siempre son congruentes ni uniformes. A menudo contienen distintas versiones del mismo acontecimiento, que, contrario a lo que a los teólogos islámicos les gustaría admitir, en ocasiones se contradicen entre sí.

Pero éste no es el único problema con el que nos enfrentamos al intentar delinear una biografía histórica de Mahoma. A estas fuentes árabes se le oponen otras fuentes anteriores, que contradicen drásticamente a la historia «oficial». En parte, éstas son fuentes literarias en idiomas distintos al árabe (como el armenio, el griego o el sirio); y en parte, son restos de materiales (tales como papiros, inscripciones o monedas).

Las fuentes árabes, desde hace más de un siglo, han comenzado a ser puestas a prueba, y los estudios demuestran, demasiado a menudo, su falta de fiabilidad. Algunos historiadores, incluso, sostienen que éstas son una forma de «historia de salvación», es decir, citas poco fiables e interesadas de creyentes.

Por ello, algunas voces aseguran que no hubo Islam, tal como lo conocemos, hasta doscientos o trescientos años después de la versión tradicional (más hacia el año 830 d.C. que el 630). También postulan la tesis de que esta religión quizá no se desarrolló en los desiertos distantes de Arabia sino a través de la interacción de los conquistadores árabes y sus pueblos sometidos más civilizados.

LA VIDA DE MAHOMA SEGÚN LA TRADICIÓN

Aunque conocemos la vida de Mahoma a través de biografías escritas a mediados del siglo VIII, que quizá son poco fiables desde una perspectiva histórica más científica, no podemos pasar por alto que, para los musulmanes, existe una biografía de Mahoma completamente aceptada. Con las prevenciones del caso, no dejaremos de hacer un repaso por los hechos de la vida del profeta que se consideran, dentro del islamismo, como una verdad incontrastable.

Evidentemente, cualquier intento de resumir la vida de Mahoma, tal y como la concibe la tradición musulmana, supone una selección de la enorme cantidad de detalles existentes acerca del Profeta. Muchos de estos detalles son tan incongruentes y abiertamente «trabajados» que su credibilidad ha sido puesta en duda por muchos estudiosos. En estas páginas intentaremos remarcar los hechos más trascendentes y, también, los que tienen una aceptación más generalizada.

Se dice que Mahoma nació en La Meca, ciudad de Arabia occidental (la región conocida como Al-Hijaz). La fecha exacta de su nacimiento es desconocida, aunque se han barajado diversas fechas para el nacimiento de Mahoma. Una tradición comúnmente aceptada lo sitúa en «el año del elefante», que se ha interpretado como una referencia al año en que un gobernante abisinio de Yemen envió una expedición para destruir la Caaba de La Meca. Según la tradición musulmana, en la expedición —un estrepitoso fracaso— las tropas invasoras llevaban un elefante. Los especialistas modernos sitúan este episodio en el año 570 d.C.

La familia de Mahoma pertenecía al clan de Hashim, parte de la tribu de Qurays, que dominaba La Meca y constituía la mayoría de la población. Hashim no era uno de sus clanes más importantes, aunque gozaba de cierto prestigio religioso derivado de sus derechos hereditarios a determinados cargos de la Caaba. Así, Mahoma era miembro de la poderosa tribu de los Quraysíes, aunque la tradición lo presenta como un hombre pobre.

El padre de Mahoma, Abd Allah, murió antes de nacer el niño; su madre, Amina, falleció cuando tenía seis años. Mahoma fue primero amamantado por su madre, y después, según la costumbre, fue colocado en una tribu nómada del desierto, donde no permaneció más que hasta la edad de tres años.

Después de la muerte de su madre, quedó primero al cuidado de su abuelo, Abd all-Muttalib, y cuando éste murió, dos años después de Amina, Mahoma fue recogido por un tío paterno suyo, un comerciante en permanente viaje, Abu Talib.

La tradición musulmana, aunque no apoyada en otras fuentes históricas autorizadas, da cuenta de señales y portentos sobrenaturales en torno a la concepción y nacimiento del profeta. Se dice que se le impuso el nombre Mahoma debido a un sueño que había tenido su abuelo.

Cuenta la tradición que durante uno de sus viajes a Siria, el tío del futuro profeta lo llevó consigo, y que Mahoma conoció entonces en un monasterio cristiano de la ciudad de Bosra, en Siria, a un fraile nestoriano que lo inició en las enseñanzas del Antiguo Testamento. Esos serían sus comienzos tanto de su actividad comercial como de sus conocimientos sobre religión.

De entre la gente de La Meca, los de la tribu de Quraysh gozaban de buena reputación como mercaderes. Entre ellos, una viuda llamada Kadija le contrató para administrar sus asuntos, y así entró a formar parte del próspero negocio caravanero en la casa de la mujer, alcanzando el cargo de administrador.

La historia cuenta que Kadija (viuda y unos quince años mayor que el propio Mahoma), impresionada por su honestidad e inteligencia, le propuso matrimonio. La tradición afirma que Mahoma tenía veinticinco años cuando desposó a Kadija, y que mientras vivió no volvió a contraer nupcias.

La situación de Mahoma mejoró con este matrimonio pero, sobre todo, esta nueva posición social le permitió hacer algunas relaciones que pesarían mucho en los primeros momentos de la expansión islámica: con Abu Bakr, pues posteriormente se casaría con su hija Aisha; y con Alí, primo de Mamad, ya que se convertiría en su yerno al casarse con su hija Fátima.

La recepción del mensaje divino, según la tradición islámica, y su recitación o *Qur'an* (Corán) ocurrió ya avanzada la vida de Mahoma, entre los años 610 y 612, cuando él ya estaba cerca de sus cuarenta años. Empezó con las primeras revelaciones, constituidas por visiones y audiciones.

Según cuenta la tradición islámica, la primera revelación llegó a través de las palabras del arcángel San Gabriel. La primera vez que habló de su misión profética fue al regresar de uno de los retiros espirituales que solía hacer en el monte Harra, cerca de La Meca. Fue a ver a su mujer Kadija con el rostro trastornado y le habló de este modo, según los historiadores árabes: «Vagaba yo esta noche por la montaña, cuando la voz del ángel Gabriel resonó en mis oídos diciéndome: "En nombre del Señor que ha creado al hombre, y que viene a enseñar al género humano lo que no sabe, Mahoma, tú eres el profeta de Dios, yo soy Gabriel". Tales han sido las palabras divinas y desde ese momento he sentido dentro de mí la fuerza profética».

Gracias a estas revelaciones configuró una doctrina religiosa que extendió entre las personas de su círculo con bastante éxito. Al principio, divulgó su doctrina de forma casera, entre sus vecinos más cercanos, con los que estableció contactos de gran importancia posterior en el primer desarrollo del Islam. Entre ellos estaban su esposa Kadija, su sobrino Ali, su hijo adoptivo Zayd o Utman y Abu Bark —futuros califas—, que siguieron sus revelaciones.

Durante diez años lo difundió escasa y localmente en La Meca. De hecho, las tesis de Mahoma al principio sólo fueron bien recibidas en su entorno más cercano, pero fuera de él no suscitaron muchas adhesiones. Sobre todo, no gustaron a los mercaderes de La Meca, que veían en ellas una amenaza a las propias bases de su prosperidad.

Es que la nueva religión estaba provocando un cambio en las estructuras políticas y económicas de la ciudad, por lo que Mahoma empezó a ser considerado como un enemigo público. Sus planteamientos religiosos se habían ido extendiendo gracias a su incipiente apostolado, llegando a aldeas cercanas.

La oración, cinco veces al día, es uno de los preceptos básicos que debe seguir todo creyente.

Viendo cómo se estaban poniendo las cosas, y temeroso de las reacciones de quienes estaban en su contra, en el año 622 Mahoma optó por la huida, con su grupo de fieles o adeptos, a la ciudad de Yatrib o Medina, donde la gran cantidad de comunidades de tendencia judía creaba un ambiente más receptivo para su doctrina.

Este episodio es conocido como la «hégira», momento que el calendario musulmán considera como el año inicial del calendario islámico, que así conmemora la expatriación tribal o hégira de su fundador.

La llegada de Mahoma a Medina y su integración allí constituyeron, de alguna forma, el momento clave de la misión del profeta, y la organización estructural de los pueblos que siguieron el Islam, con él de magistrado. Ello suponía que tenía que hacer las veces de jefe religioso y de máximo representante de una comunidad política.

Su labor, a su llegada a Medina, consistió en hacer cristalizar algunos de los rasgos fundamentales para el desarrollo histórico del Islam. Para la solidaridad de la comunidad se cambió el vínculo tribal de sangre por el de sumisión a la voluntad de Alá. Por otro lado, la autoridad, que antes venía del jefe tribal, pasó a ser una prerrogativa procedente de Dios, por lo que de este modo la oposición política ya no tendría importancia. La fórmula que extendió Mahoma consistió en combinar la vieja tradición y una nueva doctrina, ya que el Profeta se unió con varios notables de la época de las tribus.

Entre los años 610 y 619, Mahoma fue desarrollando el mensaje divino que había recibido y se transformó de predicador a profeta.

En sus primeros años en Medina se observó una primera militarización de la comunidad islámica, en una forma de mantener las raíces tribales y la necesidad de defenderse de las amenazas exteriores.

Durante todo ese tiempo, el propósito de Mahoma fue extender la nueva religión, planteando la Guerra Santa (*Yihad*) como vehículo de expansión. La Meca se convirtió en el principal objetivo de las campañas militares, en un primer momento escaramuzas que se convirtieron en importantes victorias militares como la del Foso (627).

Las victorias militares del Profeta le dieron más adeptos todavía entre las distintas tribus. Mahoma y sus partidarios suponían cada vez un mayor peligro para la aristocracia de La Meca, por lo que se planteó el pacto de Hudaybiya (628) por el que el profeta consiguió importantes ventajas. Todo ello le abrió nuevamente las puertas de su ciudad natal, La Meca, a cuya Caaba puedo asistir, en un símbolo inequívoco de reconciliación entre las dos ciudades.

Fue en el año 630 cuando La Meca cayó en manos islámicas de manera pacífica. Tras una importante victoria sobre los beligerantes beduinos de la región, Mahoma regresó a Medina, desde donde continuó con su misión reveladora, atrayendo a nuevos grupos de beduinos, bien por las armas o por la convicción. Dos años le bastarían para controlar la península arábiga.

La paz definitiva también estableció un reparto entre los dos territorios, la capital política del estado recaería en Medina, y el centro religioso de la nueva fe y lugar de peregrinación sería La Meca.

De esta forma, en Medina tomó forma la comunidad islámica con unos principios nuevos de organización que permanecieron en algún aspecto, al tiempo que Mahoma daba forma completa a su revelación religiosa. Ello posibilitó que la fuerza de sus seguidores fuera creciendo, y que en el año 628 regresara a La Meca para peregrinar a su santuario. Desde 630 se instaló en la ciudad después

de recibir la adhesión a la nueva fe del clan de los quray-
sits, hasta entonces adversarios suyos. Las restantes tribus del Hiyaz aceptaron la nueva fe y la organización
que conllevaba rápidamente, y comenzaban ya las primeras expediciones hacia el exterior cuando el profeta
murió en junio del año 632.

La palabra de Mahoma, aunque de contenido radicalmente religioso, estimulaba también profundas trans-
formaciones sociales, primeramente, entre los beduinos.
El Islam o sumisión a Dios no es una religión nueva
sino que Mahoma se considera el último de los portavo-
ces de la revelación divina, el «sello de los profetas»,
sucesor en este aspecto de Moisés y Jesús, de modo que
tanto judíos como cristianos son, para el creyente
musulmán, gentes en el camino de la verdad aunque no
la conozcan completa.

La práctica religiosa era sencilla y aseguraba la salvación mediante el rito, sin que hubiera un nexo indispen-
sable entre aquélla y las exigencias éticas —lo que no
quiere decir, en modo alguno, que el Islam no proponga
una ética a sus adeptos—: los pilares de la religión son
profesar la fórmula de fe, orar, ayunar, dar limosna, peregrinar a La Meca y contribuir a la expansión del Islam.

Desde el punto de vista social, el Islam pretendía
establecer una comunidad de creyentes dotada de plena
paz interior (*umma*), rompiendo con los marcos tribales
de los beduinos y, después, con las jerarquizaciones
sociales rígidas de los imperios a los que atacó. Este ideal
no se lograría nunca —como tampoco se logró el de la
primitiva comunidad o iglesia cristiana— sino que sub-
sistieron rasgos de la organización tribal y de otras preis-
lámicas así como diferencias étnicas y económicas. Con
todo, el mensaje era atractivo, casi revolucionario en el
mundo de su época, lo que atraería a muchos adeptos.

MAHOMA, UN PROFETA DIFERENTE A JESÚS

Uno de los equívocos más comunes que cometemos, desde Occidente, cuando intentamos acercarnos a la figura de Mahoma, es intentar buscar un paralelo con Jesús. Es fácil confundir, si se busca un camino obvio, los papeles que juegan Jesús y Mahoma en sus respectivas tradiciones, pero ello puede llevarnos a grandes equívocos que nos impedirán comprender la figura del profeta del Islam.

En una óptica occidental, y especialmente en el cristianismo, se suele cometer el error de igualar el lugar que ocupa Mahoma en el islamismo con el que ocupa Jesús en el cristianismo. En primer lugar, es importante señalar que para los musulmanes, Mahoma no es el Hijo de Dios, sino el «último profeta».

Y si bien los musulmanes creen que Mahoma es el profeta final de Alá, la mayoría no enseña que fue sin pecado. Por otra parte, los musulmanes consideran que la vida y el ejemplo de Mahoma son lo más cercano a la perfección que una persona puede alcanzar.

Cada acción de Mahoma es considerada un modelo para los creyentes. Algunos musulmanes llegan a evitar comer alimentos que no le gustaban a Mahoma.

Al mismo tiempo, a los musulmanes les ofende el término «mahometanismo», que se usa a veces para hacer referencia al islamismo, tal como la palabra «cristianismo» viene de «Cristo». No es la religión de Mahoma; él es solo un mensajero de Alá. Los musulmanes creen que los mensajes de Mahoma revivieron y reformaron la verdad religiosa que se había perdido. Aun así, toda palabra despectiva dirigida a Mahoma será tomada muy en serio por un musulmán.

Los musulmanes acusan a los cristianos de elevar a Jesús de una forma inadecuada. Arguyen que Jesús era sólo un profeta para los judíos, y que anunció la llegada de Mahoma como el sello de los profetas. Los cristianos, por su parte, arguyen que este punto de vista no encaja con los datos que se tienen con relación a la vida y las enseñanzas de Jesús, y que en primitivos manuscritos, Jesús dice tener los poderes y la autoridad que sólo Dios podría tener.

Lo que falta, desde el punto de vista cristiano, es un texto temprano que afirme lo que los musulmanes dicen acerca de Jesús. Los musulmanes argumentan que el Nuevo Testamento ha sido adulterado y que los textos que apoyan la idea de que Jesús es el Hijo de Dios fueron un agregado posterior. Los musulmanes argumentan que la descripción del Nuevo Testamento de la muerte y resurrección de Cristo no puede ser correcta porque el Corán enseña algo distinto.

Ocurre que la imagen islámica acerca de Jesús está situada entre dos extremos, establecidos de antemano, por las dos religiones monoteístas que le precedieron y que fueron, de alguna manera, su base. Por un lado, sabemos que los judíos rechazaron a Jesús como profeta de Dios y le llamaron impostor. Por otra parte, los cristianos le consideran como Hijo de Dios, y por lo tanto le adoran.

El Islam considera a Jesús como uno de los grandes profetas de Dios, y le respeta igual que a Abraham, Moisés y Mahoma. Esto está en perfecta coherencia con el punto de vista islámico acerca de la Unicidad de Dios y del papel complementario de los subsiguientes mensajes de Sus Enviados.

Para los musulmanes, no cabe duda de que la esencia del Islam, que es la sumisión a la voluntad de Dios, fue revelada a Adán, quien se la transmitió a sus hijos. Todas las revelaciones posteriores a Noé, Abraham, Moisés, Jesús y, finalmente, Mahoma, estuvieron de acuerdo con dicho mensaje, además de cierta elaboración para definir la relación entre el hombre y Dios, el hombre y el hombre, el hombre y su entorno, con el fin de vivir de acuerdo con las instrucciones de Dios.

Por lo tanto, cualquier contradicción entre las religiones reveladas se contempla en el Islam como un elemento provocado por el hombre e introducido en estas religiones. La posición de Jesús, en las tres religiones principales, judaísmo, cristianismo e Islam, no es en absoluto una excepción.

Como vemos, la controversia respecto a la personalidad de Jesús es, prácticamente, la principal diferencia entre el Islam y el cristianismo. Esta diferencia es la que mantiene separados a los seguidores de ambas religiones. En realidad, aquellas doctrinas cardinales del cristianismo que son rechazadas por el Islam se centran fundamentalmente alrededor de la personalidad de Jesús. Se trata, específicamente, de los siguientes conceptos:

1. La Trinidad.
2. La divinidad de Jesús.
3. La filiación divina de Cristo.
4. El pecado original.
5. La expiación.

Estas diferencias que se centran en la personalidad de Jesús han ensombrecido las numerosas similitudes entre el cristianismo y el Islam. Como son, por ejemplo, el sistema moral y el énfasis en los principios humanos. Incluso han restado importancia a cuestiones esenciales que los musulmanes asocian con la figura de Jesús tales como su nacimiento virginal, su capacidad de hablar desde la cuna, de realizar milagros y también acerca de su segunda venida al mundo.

EL CORÁN, BASE DEL ISLAM

La base del Islam es el Corán: ésta es la fuente del pensamiento y del obrar de un musulmán. La concepción del mundo, del hombre, de la sociedad y de Dios son prácticamente «dictadas» por ese libro, al que un buen musulmán recita diariamente y aprende de memoria.

Según la tradición —que para los musulmanes no es posible poner en duda porque sería una blasfemia hacia el mismo Corán— este libro fue dictado a Mahoma por el ángel Gabriel durante el período de 32 años. El inicio de la revelación se dio una noche («la noche del gran poder») hacia el año 610 (*Sura* 96, 1-5), en el monte Hira.

Según Tabari, historiador musulmán (839-923), un lunes se le apareció un ángel de Dios, Gabriel, a Mahoma. «Se presentó ante él y le dijo: ¡La bendición sea contigo, oh Mahoma, apóstol de Dios! Mahoma se asustó y se puso de pie pensando que había perdido el juicio. Se dirigió hacia la cumbre para matarse arrojándose desde lo más alto. Pero Gabriel le tomó entre sus alas, de modo que no podía avanzar ni retroceder. Y entonces le dijo: ¡Oh Mahoma, no temas, porque tú eres el profeta de Dios, y yo soy Gabriel, el ángel de Dios! ¡Oh, Mahoma recita: en nombre de tu Señor, que ha creado todo, que ha creado el hombre a partir de un coágulo de sangre!».

Gabriel le entregó la primera *sura* del Corán, denominada *Iqra*, el credo musulmán: «La alabanza a Dios,

Señor de los mundos. El Clemente, el Misericordioso, Rey del Día del Juicio. A ti adoramos y a ti pedimos ayuda. Condúcenos al camino recto, camino de aquellos a quienes has favorecido, que no son objeto de tu enojo y no son los extraviados».

El Corán prácticamente no da detalles de las revelaciones de Mahoma, que luego fueron enriquecidas literariamente por sus seguidores. Entraba en trance y repetía lo que había recibido. Los que lo escuchaban memorizaban las palabras de su profeta. Con frecuencia se trataba de locuciones intelectuales difíciles de determinar, acompañadas por fenómenos físicos descritos por la tradición: palidecía, su frente se llenaba de sudor y entraba en un estado de semiinconsciencia. A veces caía en tierra, como fulminado. Por esta razón, muchos de los que estudian los hechos desde fuera del Islam, ponen en duda estas iluminaciones y las atribuyen a algún tipo de psiquismo patológico o de alucinación, aunque es innegable que el propio Mahoma siempre creyó. con gran fuerza en su misión y en la veracidad de los mensajes.

UN TEXTO «DESCENDIDO»

Si en el Cristianismo la figura de Cristo que fue revelada en las Sagradas Escrituras es el centro de la fe, en el Islam ese centro lo ocupa el Corán. Para los musulmanes es la «palabra de Dios», escuchada, aprendida y transmitida por Mahoma.

En el Islam, el Corán no está considerado un texto revelado, sino *munzal*, es decir, descendido, sobre Mahoma. El texto sería simplemente la transcripción literal de un Corán «increado» que se encuentra desde siempre en Dios, y que es «descendido» bajo la forma de un Corán histórico.

En el Corán no hay autor humano, porque no es Mahoma, sino Alá, quien habla, y lo hace en primera persona con un plural majestuoso: «¡Nosotros!». Y se dirige a su profeta con un imperioso «¡Di!», o sea: «Dile a tus conciudadanos este mensaje...». Esto se da desde el inicio hasta el final del Corán. Nos encontramos ante un largo monólogo divino que no admite ningún modo de respuestas, el «mudo» interlocutor debe sólo escuchar y después «decir», el mensaje a los suyos. Para los musulmanes, la mera idea de que Mahoma pueda ser autor del Corán es juzgada blasfema.

Por lo tanto el Corán es un texto radicalmente diverso de la revelación bíblica en el estilo y en la estructura. En la Biblia es cierto que Yahvé o Jehová de tanto en tanto habla en primera persona (por ejemplo, en los libros proféticos) pero en general predomina la narración en tercera persona, y emerge inevitablemente la personalidad del hagiógrafo.

Hablar de «libro inspirado» por Dios sería para los musulmanes reducir el Corán, a menos que no se entienda una inspiración directa y literal, al modo de un dictado. Mahoma no es considerado, por tanto, el autor de este libro, sino el que registra en su memoria para después recitarlo delante de sus seguidores.

Esta idea de un libro «dictado» es la que produce un estilo muy particular. En el texto del Corán, se trata de Alá que habla con Mahoma en un estilo poético. A veces recuerda hechos acaecidos a Mahoma; otras, hechos del Antiguo Testamento. También promete venganza por los sufrimientos que padece Mahoma por parte de sus adversarios, revela verdades últimas como el infierno, el cielo musulmán, etc.

El estilo es, pues, totalmente distinto al estilo de la Biblia. Para entender mucho de lo allí expresado hay que manejar el árabe y conocer la cultura oriental. Pero aun así, la teología es clara y también los principios de la moral. Y está claro que no hay en absoluto ni inspiración cristiana ni una unión con la revelación cristiana («el Evangelio» como dice en alguna parte el Corán).

El hecho de que el Corán sea la palabra de Dios o Alá tiene varias consecuencias. En primer lugar, si el Corán es «descendido» no hay ninguna posibilidad de interpretación crítica o histórica. De hecho, en los países musulmanes no está permitido un estudio crítico del texto coránico. Una crítica textual o un análisis sobre la base histórico-comparativa, son inconcebibles para la mayoría de los exegetas.

Los musulmanes tampoco aceptan hablar de «fuentes» del Corán, porque consideran que Alá no tiene otra fuente que sí mismo. Y el hecho de que el Corán recicle mucho material y personajes bíblicos no cambia en nada sus convicciones: Alá es en definitiva el autor de cada revelación precedente al Corán, no puede haber recurrido a otros más que a sí mismo.

El significado del término *Qur´an* (Corán), deriva del verbo *qara´a*, que significa «lee (en alta voz)» o bien «recitar, proclamar». Los 6.226 versículos, agrupados en 114 *suras* o capítulos, que a su vez se dividen en *aleyas* rimadas o versículos, no están ordenados cronológicamente sino según un criterio práctico y exterior: según la extensión de las *suras*, de las más largas a las más cortas.

Los capítulos están ordenados de mayor a menor número de *aleyas*, sin orden cronológico. Desciende desde las primeras *suras* con cientos de versos hasta las últimas de cuatro a cinco versos, a excepción de la primera *sura*, llamada «la que abre», que contiene sólo siete versos y es la oración básica musulmana. Todas las *suras*, excepto la novena, comienzan con la inscripción: «En el nombre de Dios clemente y misericordioso», fórmula pía que a modo de exclamación se usa también en discursos cotidianos de cada musulmán.

Esta división, y sobre todo la decisión de que las *suras* no llevaran un orden cronológico, no fue dispuesta por Mahoma, ya que el Corán comenzó a escribirse mucho después de su muerte. Y por ello, el Corán ha recibido numerosas críticas desde fuera del islamismo.

LA LENGUA DEL CORÁN

El Corán dice de sí mismo que fue escrito «en lengua árabe clara» (26, 195). Pero ¿es el árabe que hoy conocemos? Para los musulmanes, esa «lengua árabe clara» se trataría del dialecto mecano. Según otros estudiosos, el texto original en dialecto mecano se habría reelaborado para adaptarlo a la lengua de la poesía clásica preislámica.

La tradición musulmana señala (y ningún musulmán osaría ponerlo en duda) que la revelación de Dios fue hecha en árabe. El árabe, por lo tanto, es lengua sagrada. Y por eso el Corán debe ser recitado en árabe. Si trazáramos un paralelo, veríamos que ni para los judíos ni para los cristianos existe una lengua con esa categoría, porque las Sagradas Escrituras fueron escritas en diversas lenguas: hebreo, arameo y griego. En ambas religiones se considera que ninguna lengua tiene un carácter tan particular como para pretender excluir a las demás, y en consecuencia, todas las lenguas pueden recibir y transmitir el mensaje. La traducción no se ve como un impedimento, sino como una necesidad de la comunicación.

Pero, volviendo a la cuestión de cómo está escrito el Corán, debemos señalar que este texto árabe difícilmente pueda ser considerado poesía. En todo caso, podemos hablar de prosa elegante en muchas partes, y prosa rítmica en otras. Por los musulmanes es considerado como una obra de arte de la prosa árabe, un modelo «inimitable», y ellos son muy sensibles a su belleza.

Pero para los no musulmanes el juicio es diferente: el simbolismo del Corán puede parecer muy pobre. A sus ojos domina el aspecto informativo y más aún el aspecto legislativo. Los musulmanes explican esta reacción diciendo que esto sucede cuando el Corán es leído «desde afuera».

Hay en el libro mucha palabra superflua, así como innumerables reiteraciones. Por ejemplo, la historia de Moisés está contada más de cincuenta veces, sin variaciones destacables. La de Noé, veinticinco. Y eso sucede con numerosos sucesos del Antiguo y del Nuevo Testamento. De hecho, se calcula que la eliminación de las reiteraciones reduciría de manera sensible el Corán.

Además, en pocas ocasiones encontramos un curso firme y gradual del relato. La conexión de las ideas es con frecuencia abrupta y arbitraria, y aunque estas características deban en parte atribuirse al tono profético y apasionado que impregna el texto, no resulta fácil considerar a Mahoma un maestro de estilo, por mucho que esta afirmación deba de sonar escandalosa en los oídos de un musulmán. Con todo, no podemos negar que el Corán presenta sin duda un gran poder retórico y exhortativo.

EL ORIGEN Y LA TRANSMISIÓN DEL TEXTO, FUENTES DE CONTROVERSIA

La tradición musulmana, con base en el propio Corán, ha deificado el libro situándolo como la copia del que se encuentra en el paraíso. Es decir, mientras judaísmo y cristianismo consideran sus libros inspirados, a través de autores humanos, causas segundas, la autoría del Corán se establece directamente divina.

El mismo Corán reivindica su origen divino: habla de una «Madre del Libro» que se encuentra en Dios. Ese es el libro revelado a Mahoma: «¡Por el Libro clarísimo! Nosotros tenemos hecho un Corán árabe, para que finalmente entiendan, y eso está escrito de Nosotros en la Madre del Libro, y es alto y sabio» (43, 2-4)

El Corán sería la «copia» más perfecta de esta Madre del Libro (en comparación con las otras «copias» anteriores como el Evangelio). A la existencia del libro madre, se une la creencia en la doctrina de la «revelación sucesiva». Es decir, que de era en era, Alá habría enviado sobre la tierra un profeta con una «copia» del libro modelo. Es decir, reivindica el carácter de revelación completa, perfecta y definitiva. Si bien admite revelaciones anteriores, éstas son incompletas y preparatorias: «Ya antes de ti (oh Mahoma), enviamos mensajeros y les dimos mujeres y descendencia, pero ningún mensajero pudo producir un signo sin el permiso de Dios; hay un libro divino al fin de cada edad, y Dios cancela lo que quiere y lo que quiere confirma: junto a él está la Madre del Libro» (13, 38-39).

Esas revelaciones son la Torá y el Evangelio (así las llama el Corán, aun cuando no se sabe a qué se refiere exactamente): «¡Dios! No hay otro Dios fuera de él, el Viviente, que vive de sí. Él te reveló el Libro, con la Verdad, confirmando lo que fue revelado anteriormente, y ha revelado la Torá y el Evangelio, antes, como guía para los hombres, y ha revelado ahora la Salvación» (3, 3-4).

Así, la revelación tendría su «historia» que se va perfeccionando a partir de Adán (primer profeta según el Corán), después con Moisés, Jesús y Mahoma. Pero parece evidente, según las fuentes tradicionales, que la revelación no fue hecha una sola vez. El Corán sobre este argumento es bastante ambiguo. De hecho se lee: «en verdad Nosotros (= Alá) lo revelamos la noche del destino...» (44,3). Pero en otro lugar se lee: «...y el Corán lo dividiremos en partes para que tú (oh Mahoma) lo recites a los hombres lentamente, lo revelaremos en fragmentos...» (17,106).

Los exégetas, para poder poner de acuerdo las dos versiones, han concluido que el Corán ha sido completamente revelado la noche del destino, pero repetido en partes para permitirle a Mahoma recitarlo cómodamente a los suyos... La tradición presenta una célebre narración de la ascensión, o sea, de un misterioso viaje celeste de Mahoma, en el que recibe físicamente de las manos de Dios el Libro sacro.

Pero en el Corán encontramos también un eco preciso de aquello que pensaban los conciudadanos de Mahoma a este propósito: «Dirán: ¡es un poeta! Esperemos que lo atrape la calamidad de la suerte... o dirán también: lo ha inventado él» (52, 30-33). Probablemente por ello, el Corán muestra una constante obsesión de Mahoma por no ser creído, e incluso un intenso resquemor por ser ridiculizado.

Más precisas son las acusaciones contenidas en otro lugar: «¡Y dicen aquellos que rechazan la fe: no es, esto que dice, otra cosa que mentira inventada por él y lo han ayudado otros a hacerlo!... ¡Y dicen aún: son fábulas antiguas, que ha escrito bajo dictado, mañana y noche!» (25, 4-5). Es significativo que se diga esto, porque testimoniaría que Mahoma estaba en condiciones de servirse de la lengua escrita (contra la Tradición que lo considera analfabeto) y, además, que parte de los libros bíblicos (las «fábulas antiguas») ya circulaban en el ambiente mecano.

La tradición dice que Mahoma no escribe nada, se limita a recitar al pueblo cuanto le viene revelado del ángel Gabriel, o de lo que le revela el «Espíritu de Dios» o «Espíritu Santo».

Entonces, ¿cómo llegó a escribirse el Corán? Debemos aclarar que la transmisión del texto fue oral hasta después de la muerte de Mahoma. Es decir, el libro santo del Islam no es obra de Mahoma, sino recopilación posterior. En vida de Mahoma los comentarios de sus revelaciones eran aprendidos de memoria por sus seguidores.

Se admite que entre los presentes a las «recitaciones» había algunas personas en grado de escribir, y que Mahoma quizá haya dictado parte de lo que recitaba a un escriba personal. Pero los materiales sobre los que eran registradas algunas *suras* o partes de ellas (pieles de animales y fragmentos de cortezas) no permitían más que registros limitados, de tipo estenográfico, por lo que no pudieron resistir el paso de los años. Los estudiosos modernos creen, en general, que la transmisión del Corán fue confiada esencialmente a la memoria de sus discípulos, de los cuales algunos se especializaron y llegaron a ser como «memorizadores» del Corán.

Por lo tanto, a la muerte de Mahoma (632) el Corán existía esencialmente sólo en la memoria de sus discípulos. ¿A quién se le ocurrió que esa memoria debía ponerse por escrito? Fue el primer califa, Abu Bakar, quien, tomando consejo de Omar (el futuro segundo califa), ordenó una comisión compuesta de memorizadores sobrevivientes.

Durante su califato, sucedió que hubo una guerra, y en el año 633, después de la batalla de Aqraba contra una tribu árabe que seguía a otro guía, se constató que gran parte de los «memorizadores» habían caído en combate y que el Corán corría peligro de desaparecer. La muerte de estos recitadores hizo ver la conveniencia de poner con cierta urgencia por escrito esos pensamientos en materiales adecuados. Esa labor fue encargada por el siguiente Califa, Abu Bakr, a Zayd b. Tabit.

La comisión designada por Abu Bakr recogió los distintos registros y surgió así la primera recensión del Corán. Se trata, pues, de una recopilación y, en ese sentido resulta acumulativa. Sin embargo, unos años después, el tercer Califa, Othman, debió afrontar un nuevo problema: habían comenzado a difundirse otras versiones del Corán, lo que hacía que la palabra de unas y otras se pusiera en entredicho. El tercer Califa, en el año 650, decidió reunirlas y examinarlas, y así nació la Vulgata de Othman. Las otras versiones fueron quemadas.

Pero la versión definitiva del Corán todavía no había visto la luz. En el año 705, el Califa Abd el-Malek, decidió hacer vocalizar la Vulgata, porque dado el carácter particular de la lengua árabe, en la que no se escriben las vocales cortas, subsistían dudas e interpretaciones alternativas en varias partes del texto. De hecho, hasta ese momento histórico, la escritura árabe era todavía insuficiente. No solamente faltaban las vocales, sino que faltaban también los puntos diacríticos para diferenciar las consonantes. La posibilidad de error y confusión era demasiado grande.

LAS REVELACIONES EN LA MECA Y EN MEDINA

Sabemos que Mahoma, según la tradición musulmana, no recibió la revelación en un solo día, sino que debieron pasar varios años para que la dijera completamente a sus seguidores. Por ello, si bien comenzó su prédica en La Meca, la terminó en Medina. Pero, más allá de cuestiones geográficas, lo cierto es que con el paso de los años, las revelaciones fueron cambiando de temas, y que en cada período se refirió a diferentes cuestiones.

Para poder establecer el contexto cronológico del Corán, lo primero que debemos hacer es separar el mensaje revelado en La Meca del revelado en Medina. Del primero, además, se cuentan tres subperíodos diferentes, que se caracterizan por la extensión de las *suras* y los temas tratados.

Así, en el primer período mecano, que se determina entre los años 610 y 622, Mahoma recitó un total de 48 *suras*, es decir, el 9 por ciento del Corán. El tema dominante es, sin dudas, el del juicio final: «¡Ha llegado la hora, se ha quebrado la luna!» (54, 1). Junto al tema del juicio, y estrechamente relacionado a él, está presente la denuncia de la injusticia y de la violencia sobre los débiles en todo nivel: el pobre ignorado, el huérfano maltratado, el cliente engañado, los neonatos suprimidos según una difundida práctica tribal.

De este período son también algunas *suras* que pueden resultar sorprendentes, porque están llenas de juramentos extraños sobre diferentes objetos concretos, como el sol, la luna, el higo, el olivo, etc., o bien abstractos. Los temas tocados son esencialmente de carácter doctrinal, como la resurrección y el juicio.

Existen también otros temas como la amenaza a los incrédulos, los motivos de culto (oración), o morales. En esta época ya está presente el monoteísmo, que aparece en la *sura* 112 llamada «del culto sincero», y repetido implícitamente en la misma primera *sura* llamada «la que abre» (*sura* 1, 1-6).

Es en el segundo período mecano (616-619) cuando el tema del monoteísmo se afianza realmente y cobra fuerza en las *suras*. Junto con él se constata la lucha contra la idolatría de los naturales de La Meca. Pertenecen a este segundo período un total de 21 *suras* (el 23 por ciento del Corán).

En este segundo período mecano el Corán reelabora en historias más amplias las rápidas alusiones a profetas bíblicos y preislámicos que ya figuraban en el período anterior. Allí se muestra a estas figuras como precursores de Mahoma a través de historias que tienen valor paradigmático, de ejemplo. Pero la polémica coránica se desarrolla a través de varias modalidades: el desprecio de los dioses de La Meca y del politeísmo pagano, el ejemplo de los pueblos bíblicos y preislámicos castigados por Dios por su obstinado politeísmo, e incluso los milagros de Mahoma traídos como prueba de la autenticidad de su misión.

El esquema usado al hablar de estos profetas es el mismo:

1) Invitación a adorar al único Dios.
2) Desprecio y rechazo del pueblo.
3) Castigo terrible para los rebeldes.

En estas historias aparece uno de los pilares retóricos de la predicación coránica: la palabra «signo de Dios», que señalaría un hecho extraordinario o excepcional que contiene una connotación milagrosa. El Corán introduce estos hechos milagrosos como confirmación de la veracidad de su profeta y la autenticidad de su mensaje. Estos signos pueden ser de varios tipos: naturales, técnicos, históricos e incluso sobrenaturales.

Pero el milagro por excelencia de Mahoma sería la inimitabilidad del Corán: «Di: aunque se reunieran hombres y yinn para producir un Corán como éste, no lo lograrían, aun cuando se ayudaran el uno al otro» (17, 88).

En el tercer período de revelaciones transcurrido en La Meca, que va desde el año 619 al 622, Mahoma dio 21 *suras*, el 33 por ciento del Corán. Este período corresponde al momento seguramente más difícil de la predicación mahometana. Se introducen nuevamente las historias de pueblos rebeldes a los profetas, y de gentes humildes que lo siguen. La insistencia en remarcar este rechazo del pueblo se puede explicar con el agravarse de la situación personal de Mahoma y de sus seguidores que siguen siendo minoría en La Meca.

El período que pasó en Medina, desde el año 622 al 632, corresponde a la fundación del estado teocrático musulmán. Mahoma organiza la comunidad tratando de regular la situación, y ello se refleja en las 24 *suras*, el 35 por ciento del Corán, que reveló en esta ciudad. En ellas se encuentran disposiciones jurídicas que contienen diversas materias: el matrimonio, la herencia, el divorcio, la usura, las penas, los alimentos lícitos e ilícitos, etc. También se observan los actos de cultos que formarán la ley: oración, ayuno, limosna, peregrinación.

En general podemos observar que cada vez que a Mahoma se le presentaba un problema, unos días después, daba la respuesta bajo forma de revelación, en el sentido de que la respuesta venía presentada como descendida de Dios sobre él.

Entre todas las *suras* hay, como hemos señalado, muchas repeticiones y, también, contradicciones. Sin embargo, el Corán no acepta la crítica, porque niega la posibilidad de yerro, incluso cuando cae en contradicción. Hay contradicciones prácticas, como el cambio de la *alquibla* cuando de la orientación hacia Jerusalén se pasó a La Meca, para la que la explicación es meramente voluntarista y se remite a Dios: «Dirán los insensatos: ¿Qué les hizo girarse respecto de su *alquibla*, aquella que tenían? Responde: Oriente y Occidente pertenecen a Dios; Él guía a quien quiere hacia el buen camino (...) Fue grande la perplejidad excepto para aquellos a quienes Dios guía, pues Él no os haría perder vuestra fe».

Las contradicciones entre las propias *aleyas* del Corán son resueltas mediante la ley del abrogante y el abrogado, de forma que la última *aleya* tiene validez sobre la anterior.

LOS ARTÍCULOS DE FE EN EL CORÁN

Hemos visto que *suras* es el nombre que reciben los capítulos en los cuales está dividido el Corán. Hay *suras* «tempranas», que según la tradición fueron recibidas por Mahoma antes de la Hégira, cuando aún residía en La Meca, y hay otras *suras* posteriores (medias y tardías), que fueron recibidas durante su estancia en Medina, o sea después de la Hégira.

Es común creer que en estas *suras* está todo lo referido a las prácticas del Islam, pero no es así. Como veremos, hay en realidad tres fuentes de enseñanzas y guía en el islamismo: el Corán, el Hadiz o *Sunna*, donde están los dichos y los actos del profeta, pero que no se considera sagrado, y la *Sharia* o derecho canónico. De las últimas dos nos ocuparemos en el próximo capítulo.

Por ello, es necesario diferenciar entre artículos de fe islámicos y los pilares de la fe del Islam. En el primer caso se refiere a cosas que son fundamentalmente para creer (aunque no sólo, sino también para poner en práctica), pero sobre todo son verdades generales cuya fe en ellas califica al «justo», al «creyente», refiriéndose principalmente al musulmán. En el segundo caso en cambio, los «pilares» son las cosas que definen al Islam en sí mismo y con exclusividad.

Respecto a los «artículos de Fe», existe una referencia fundamental en algunos versículos de las llamadas

Portal de la entrada principal a la mezquita. En todas ellas observaremos la ausencia de imágenes humanas. Los signos geométricos, están mucho más cerca de la espiritualidad dentro del Islam.

«Suras de Medina». La más importante es la testificada por la *sura* II (La Vaca), en el número 177:

> *«No es justicia que volváis vuestros rostros hacia el Este y el Oeste, sino que justo es el que cree en Dios y en el Último día y en los Ángeles y en la Escritura y en los profetas, y que da de su haber, por amor de Dios, a los parientes, y a los huérfanos, y a los necesitados, y a los que viajan, y a aquellos que piden; y que libera a los esclavos; quien ejecuta las oraciones y paga el diezmo. Y aquellos que cumplen los tratados que han hecho, y que son pacientes en la tribulación y en la adversidad y en el tiempo de zozobra. Estos son los sinceros. Estos tales son los que temen a Dios».*

También en la misma *sura*, en el versículo 285: «El mensajero cree en aquello que le ha sido revelado por su Señor y también así los creyentes. Cada uno de ellos cree en Dios y en sus Ángeles y en sus Escrituras y en sus Mensajeros. —No hacemos distinción entre sus mensajeros— y ellos dicen: Escuchamos, obedecemos. Asegúranos tu perdón, oh Señor. Hacia Ti es el camino».

En la *sura* número 4 («Las mujeres»), en el número 137, se declara algo similar: «¡Oh vosotros que creéis! Creed en Dios y en Su Mensajero y en la Escritura que ha revelado a su Mensajero, y en la Escritura que ha revelado precedentemente. Quien no cree en Dios y en sus Ángeles y en las Escrituras y en sus Mensajeros y en el Último Día, ese realmente va en perdición».

El concepto de Dios es, sin dudas, el principal artículo de fe del Corán. Al respecto, veíamos que el islamismo significa sumisión a Dios y obediencia a su ley; su voluntad es definida por el Corán como buena y compasiva, y su ley como la más equitativa. Alá es el Dios único y eterno, creador del universo y señor de todos los señores y rey de todos los reyes. Dios creó al hombre del barro, pero sobre todo con su palabra creadora. «Es el Creador de los cielos y de la tierra. Y cuando decide algo, le dice tan sólo: Sé, y es» (*Corán, sura* 2, 117). Dios es omnipotente. Es «Quien os ha hecho nacer, Quien os ha dado el oído, la vista y el intelecto...» (*Corán, sura* 67, 23). «Él te ha revelado la Escritura con la verdad, en confirmación de los mensajes anteriores, Él ha revelado la Torá y el Evangelio» (*Corán, sura* 3, 3). «Quienes no crean en los signos de Dios tendrán un castigo severo. Dios es poderoso, vengador» (*Corán, sura* 3, 4).

Es importante el concepto de que la vida es creada por Dios, nada debe su existencia al azar. La vida, según el Corán, le viene dada al hombre por Dios, y Él es el único que puede quitarla, por lo que nadie tiene derecho a destruir una vida. El Islam, de hecho, prohíbe el suicidio y la autodestrucción. Cuando se ejecuta a un asesino en castigo de sus crímenes, su vida es arrebatada en virtud del derecho de Dios. La vida es asemejada a un viaje, una transición al más allá, a la vida eterna. Durante este viaje el musulmán debe hacer todo el bien que pueda: la importancia de la vida es constituir una oportunidad para volver a Dios.

Alá, además, ha querido la resurrección del hombre: «Alá ha prometido a los creyentes y a las creyentes Jardines por cuyos bajos fluyen arroyos, en los que estarán eternamente, y viviendas agradables en los Jardines del Edén. Pero la satisfacción de Dios será mayor aún...» (*Corán* 9, 72). Es decir, hay una creencia firme en el Paraíso.

PILARES DEL ISLAM

El programa religioso del Islam se basa en los llamados «cinco pilares de la fe», que constituyen el fundamento de la creencia y de la práctica comunes a todos los musulmanes. Estos cinco pilares se encuentran en el Corán, y deben ser seguidos por todo «buen musulmán».

Es decir, aparte de las creencias que hemos visto en el capítulo anterior, existen cinco prácticas, que abarcan aspectos espirituales y corporales, y se desarrollan de día o de noche, diariamente, en el mes, o en el año, que exigen ya sea actuar o abstenerse, y comprenden tanto la palabra como la acción y el alimento. Conciernen al hombre y a la mujer por igual, y no sólo a la conducta sino también a los bienes.

Así, los pilares del Islam son unos actos que cada musulmán debe realizarlos para que sea un verdadero musulmán. Está indicado que el cumplimiento debe ser total, es decir, de los cinco, pues con la falta de alguno de ellos no será un musulmán completo, y por tanto, no limpiará ni ordenará su vida, por lo que luego no podrá, según la creencia islámica, disfrutar de la promesa de Alá en la otra vida.

Las obligaciones religiosas fundamentales del creyente o pilares de la religión, entonces, están prescritas en el Corán con claridad: profesión de fe, oración, ayuno, limosna y peregrinación.

SHAHADA, LA PROFESIÓN DE FE

El primer pilar es la *shahada*, la profesión de fe mediante la cual el musulmán reconoce su adhesión y fidelidad a Dios y a su Profeta: «Declaro (atestiguo) que no hay más dios que Alá, y declaro también que Mahoma es el Mensajero de Alá). Pronunciar la *shahada* ante testigos es suficiente para la conversión al Islam.

Normalmente se cuenta como una práctica, a pesar de ser meramente oral e intencional, porque constituye el fundamento del resto de las creencias y prácticas.

Es, básicamente, un testimonio de fe, una sencilla fórmula que pronuncian todos los fieles. Esta fórmula consta de dos partes que, en realidad, no están unidas en el Corán en ninguna parte. En árabe, la primera parte es *la ilaha il.la L.lah*, es decir, «No hay más divinidad que Dios»; *ilaha* (divinidad o dios con minúscula) se refiere a cualquier cosa que podamos sentirnos tentados a poner en lugar de Dios: la riqueza, el poder o cualquier cosa mundana similar. Después viene *il.la L.lah* «sino Dios», la fuente de toda creación. La segunda parte de la *shahada* es *Muhammad rasului L.lah*, es decir, «Mahoma es el Mensajero de Dios».

Éstas son las dos frases que, en la tradición islámica, separan o diferencian a un musulmán de cualquier otro humano. Con la *shahada* el musulmán declara que cree en Alá, en su existencia, y que Mahoma es su profeta y mensajero, declara que cree en todo el Islam como la verdadera religión que fue revelada para corregir y sustituir todas las religiones que fueron reveladas antes de él. Declara que cree en Alá y que es único, nadie comparte con él el poder, él quien tiene el poder absoluto. Declara que todo lo que dice el profeta Mahoma es revelado por Alá.

LA ORACIÓN RITUAL

El segundo pilar del Islam es la oración ritual. Existen varias clases de oraciones, y la principal de ellas se denomina *salat*, que se puede traducir por oración ritual y que constituye el deber básico de todo musulmán. Es, por lo tanto, el elemento esencial del culto, y a él nos referiremos en este apartado.

No dejaremos de mencionar, de todas formas, que existen otros tipos de oraciones que son invocaciones personales dirigidas a Dios y que reciben el nombre de *doaa* (petición, invocación) o letanías jaculatorias, llamadas *dikr*, que son recitadas especialmente por los miembros de las asociaciones místicas.

La oración ritual o *salat*, por su parte, es un deber fundamental que se practica individual y públicamente. En su forma pública se hace los viernes y algunos días festivos, y es un medio importante para reforzar la conciencia de grupo y expresar solidaridad social.

Aunque se traduce como oración, debemos tener en cuenta que dista mucho de lo que normalmente se conoce como rezo, esa especie de diálogo o encuentro personal con Dios. Esto resultaría impensable para un musulmán, porque considera que Alá no es una segunda persona a la que dirigirse, sino que lo que hace es fundirse con la creación, recobrarse a sí mismo, diluirse en la Unicidad absoluta de Alá, una experiencia completamente distinta a la de la oración.

El término coránico *salat* procede del verbo *Sal.la* que significa abrasarse, consumirse... en *Al.lah* (Alá). Es decir, el musulmán, durante esos instantes, intensifica su *Ibada* (adoración perfecta) vital, su sentido de la trascendencia, manifestando su entrega total a través de sus gestos. Recordemos que el *salat* no es estático, sino que conlleva un movimiento repetitivo.

Esta oración es muy especial. Preferentemente se hace en colectivo, muy unidos, codo con codo, en rectas filas con dirección a La Meca, expresando la voluntad de construir una comunidad, basada en la experiencia unitaria, la hermandad y la igualdad.

El *salat* en el Islam aparece como una disciplina, una práctica que educa, como hace el Corán, que elimina la torpeza y la brusquedad del ser humano, lo hace sutil, cuidadoso, respetuoso. Los beneficios que trae al musulmán creyente son enormes, y entre ellos están: purificar el alma de los errores y preservarla de toda cosa ilícita y reprobable.

El *salat* tiene una forma establecida y unos momentos precisos, aunque este tipo de oración no ha tenido desde el principio la forma que tiene hoy, ni está especificada de ese modo en el Corán, donde sólo dice: «Observar la oración en las dos partes de día y las primeras horas de la noche, porque los buenos actos alejan a los malos» (11-114). Fue sólo después de la Hégira, y según algunos autores después de la muerte de Mahoma, cuando se fijó su práctica en la forma actual de cinco oraciones diarias que tienen el carácter de *fard* (obligatorias). Estas cinco oraciones tienen cada una un nombre particular:

- *As'subh* (amanecer, mañana). Es la primera oración del día y debe llevarse a cabo antes de salir el sol, de acuerdo con la ortodoxia.
- *Adzuhr* (mediodía). Es la que puede hacerse desde que el sol comienza a declinar hasta el momento de la siguiente oración.
- *Asr* (media tarde). Se realiza cuando el sol está en la mitad de su curso antes de ponerse, aunque lo recomendable es hacerla cuando el sol está aún en alto.

• *Magrib* (puesta de sol). Debe rezarse inmediatamente después de que el sol se pone, aunque se puede llevar a cabo hasta que el halo rojizo del horizonte desaparezca.

• *Isha'* (la oración de la noche). Desde el crepúsculo hasta la medianoche. Suele rezarse antes de cenar.

Cada una de estas *salawat* se debe cumplir en su momento indicado, porque si se hace alguna antes de su tiempo no sería valida como *salat* obligatoria. Cada *salat* toma, para hacerse, unos pocos minutos.

Sin embargo, aunque mencionamos que la *salat* es obligatoria, lo cierto es que hay personas que están exentas. Por ejemplo:

• Los no musulmanes, ya que primero se debe creer en el Islam para luego hacer la oración. Es decir, primero debe declarar la *shahada* y creer en ella, para que acepte la obligación de la *salat*.

• Los enfermos mentales, porque no son responsables de sus actos.

• Los niños. Aunque se prefiere educarles y ayudarles a hacerla, no están obligados.

• Las mujeres durante la regla. La mujer debe esperar hasta que termine el período, y no tiene por qué recuperar la *salat* que faltó durante la regla.

A excepción de las oraciones especiales, que deben ser rezadas en la mezquita, no es necesario hacer las demás en este lugar, aunque sí es recomendable que se hagan siguiendo a un *imam*, hombre piadoso y bien instruido en ritos, que tiene por ejercicio dirigir la oración común. Cualquiera, por humilde que sea, puede ejercer la función de *imam*, ya que este cargo no tiene un carácter clerical en el Islam. Otro motivo por el que se aconseja la oración en la mezquita es que se considera que en este lugar desaparecen las causas que podrían anularla. Por último, señalaremos que el musulmán, según la ley islámica, no debe orar en lugares impuros o donde pueda distraerse, como calles, cementerios, mataderos, establos, etc., ni tampoco en iglesias o sinagogas aunque éstas se encuentren abandonadas.

ZAKAT, LA LIMOSNA

El tercero de los cinco pilares es la limosna o «caridad obligatoria», llamada *zakat* en árabe. Este precepto está basado en la universal noción de caridad hacia los necesitados. Implica que la propiedad personal debe ser purificada (sentido originario de *zakat*) mediante una contribución a la comunidad destinada a mantener a los miembros más débiles. El sentido de este pilar islámico proviene del hecho de que el Islam considera que los bienes de este mundo, en sí mismos, son impuros, y que para purificarlos es preciso dar una parte de ellos a los pobres, es decir, a Dios. Otros autores señalan que el origen de esta limosna se basa en que, para los musulmanes, Dios bendice y multiplica los bienes de los que emplean parte de ellos en obras de religión y beneficencia.

Zakat introdujo una forma organizada de ayuda social, que sustituía a la largueza y los donativos distribuidos antes por los jefes tribales. Es por esto que los musulmanes lo consideran como el símbolo de la solidaridad. Es, para ellos, la limpieza del corazón de los ricos, ya que les hace recordar que el dinero que ganan no es más que una herramienta para acercarse más a Dios.

Podríamos decir que *zakat* es la riqueza común de un colectivo musulmán. Los musulmanes se organizan en

El Islam impone a los creyentes la necesidad de rezar cinco veces al día. Estas oraciones pueden hacerse en cualquier lugar dirigiéndose hacia La Meca.

Mezquita Azul (Estambul). Cuenta con cuatro alminares con altavoces desde los que el almuecín llama a los creyentes a la oración cinco veces al día.

Mausoleo del Imán Reza, octavo imán chiíta (Mashad), centro de peregrinaje de Irán donde destaca el gran fervor religioso de los peregrinos.

Cena de un grupo de musulmanes de Arabia Saudí tras celebrar el ramadán.

La mezquita de al-Askareyya en la ciudad santa de Samarra (Iraq), con domo revestido de cobre, es venerada por los musulmanes chiítas.

Mezquita de Qurum (Omán), un edificio tradicional, sencillo y acorde con el precepto coránico de no representar figuras humanas o de animales.

La mezquita del rey Faisal (Islamabab, Paquistán) simula una tienda en el desierto con un moderno diseño y es un importante centro islámico.

Suntuoso interior de la mezquita de Mohamed Alí en El Cairo (Egipto), fue construida en 1830 y también es conocida como la mezquita de Alabastro.

Oración ante la tumba de Ibn Arabi en Damasco (Siria), teósofo y místico del siglo XIII reconocido por la tradición sufí como el mayor maestro.

La mezquita de Kazimiya, en Bagdad, contiene las tumbas de dos santos chiítas, el imán Musa Kazem y su nieto, el imán Muhammed Al Yawad.

Mezquita de Córdoba, uno de los monumentos más excepcionales de la arquitectura islámica occidental.

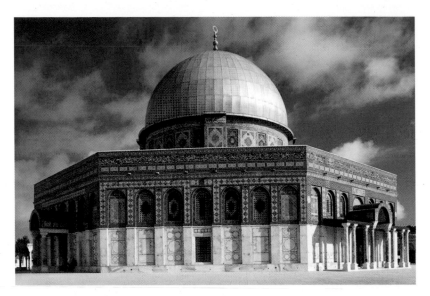

Mezquita de la Cúpula de la Roca (Jerusalén), donde se dice que estaba ubicado el templo de Salomón y el profeta Mahoma ascendió al paraíso.

Un musulmán debe pregrinar a La Meca al menos una vez en la vida. En su interior se halla la Caaba, templo que se remonta a Abraham.

comunidades asamblearias y administran el *zakat* que ha de servir para potenciar ese colectivo, financiar proyectos, remediar las situaciones de pobreza extrema. Es la contribución obligatoria de bienes: no se trata de limosnas, sino que es el derecho del pobre y la obligación del pudiente.

Es así porque el *zakat* consiste en que los ricos den un porcentaje de unos bienes concretos a los necesitados y los pobres, eso quiere decir que es obligatoria sólo para los ricos: el rico está obligado a darla le guste o no (o debería estarlo, porque lo cierto es que son unos pocos los que actualmente la dan).

Podemos definir a esta obligación como un impuesto contra determinados bienes, utilizando las cantidades recaudadas para convertirlas en ciertas necesidades de la comunidad islámica, especialmente su reparto entre los pobres.

Esta contribución no se da a cualquiera, sino a gente concreta, que está indicada en el Corán. Alá dice: «Las limosnas son sólo para los necesitados, los pobres, los limosneros, aquellos cuya voluntad hay que captar, los cautivos, los insolventes, la causa de Alá y el viajero. Es un deber impuesto por Alá. Alá es omnisciente, sabio» (9-60).

Así, el destino que puede darse a este tributo es el siguiente:

- Para los pobres, definidos como aquellos que no tienen nada en absoluto y los que no tienen suficiente para un año, musulmanes y libres.
- Para los recaudadores del impuesto y sus familiares, sean ricos o pobres.
- Para los infieles que interese convertir al Islam.
- Para los esclavos de los musulmanes a quienes se desee liberar.

• Para toda clase de obras de interés general, ya sean caminos, escuelas.

• Para atender a los *muyahidín*, es decir, los que van a la guerra santa.

El tipo de la limosna se determina en función de lo que tenga cada uno; así, el que tiene dinero da dinero, el que tiene animales, da animales. Al *zakat* están obligados todos los musulmanes sanos de cuerpo y espíritu que reciban beneficios industriales, agrícolas o comerciales por una cantidad mínima llamada *nisab*. Los bienes sometidos a tributo son sólo los que pueden almacenarse o guardarse representando una riqueza, es decir que los de consumo personal no entran en esta clasificación.

El pago se hace, en general, por un 2,5 por ciento del valor. Así, por ejemplo, si uno tiene un mínimo de 200 darahem (600 gramos) de plata o 20 mezcales (85 gramos) de oro, debe dar un 2,5 por ciento de lo que tiene, y esto alcanza a cualquier moneda. Algo similar ocurre con los animales y la agricultura.

Esta contribución se recauda anualmente, y en los libros de Fiqh se detalla rigurosamente la aplicación del porcentaje a las distintas actividades económicas o tipos de propiedad.

EL AYUNO ANUAL

El cuarto pilar es el ayuno anual del Ramadán (*sawm*), noveno mes del calendario lunar, durante el cual se prohíbe toda comida, bebida y actividad sexual desde el alba hasta el anochecer. El nombre que recibe en árabe es *saum*, que en su significado primitivo quiere decir abstenerse, y que en este caso lo es de comer, beber y tener relaciones sexuales. La idea del Ramadán es facilitar a la comunidad beneficios del ascetismo, tales como autodisciplina y control sobre las necesidades corporales. Es decir, no se trata sólo de abstenerse de comer y beber, sino de todo un proceso de purificación espiritual y física.

Según los historiadores, es probable que el ayuno ya se practicara en la Arabia preislámica, aunque no se sabe si como consecuencia de tabúes religiosos o como resabio de una práctica ascética de algún grupo árabe.

Aunque es una práctica muy extendida en el mundo musulmán, lo cierto es que apenas se habla en las *suras* del Corán de este precepto. En la segunda podemos leer: «¡Oh tú, creyente! El ayuno ha sido prescrito para ti del mismo modo que fue prescrito para los que te precedieron, de este modo puedes guardarte contra el mal» (2-183).

Fue en Medina donde ordenó Mahoma a sus seguidores que lo observaran también. La idea le llegó cuando le dijeron que los judíos guardaban un ayuno, llamado *de tichri*, en conmemoración del que Moisés guardó el día diez de *Moharram* (primer mes del año musulmán) cuando fue liberado de las órdenes del faraón. Mahoma dijo a sus seguidores que los musulmanes estaban más cerca de Moisés que los judíos, y por ello debían observar ese día de ayuno que, a causa del día en que se celebraba se llamó *Aachura* (décimo). Más tarde, en el siglo II de la Hégira, como consecuencia de su tensión con las tribus judías, instituyó el ayuno en su forma actual de un mes de duración, mientras que el ayuno de *Aachura* quedó de carácter voluntario.

Las abstenciones del mes de Ramadán, a las que hoy debe añadirse la de fumar, comienzan en el momento en que aparece la luna nueva, señalando el principio del mes de Ramadán, y terminan al salir la que señala el principio del mes siguiente. Es decir, están comprendidas en un espacio de 29 o 30 días, y se restringen al tiempo de luz solar, es decir, desde el alba hasta el anochecer.

Como todos los pilares, Ramadán es obligatorio, pero no para todo el mundo: los enfermos que no pueden quedar sin comida, los niños, las mujeres en el período de la regla (dejan de hacer el ayuno durante este período), son algunos de los que no están obligados a ayunar en Ramadán, pero deben recuperar los días que faltaron cuando no tengan la razón que les permite no ayunar.

Existen cuatro escuelas distintas sobre el modo en como debe guardarse el ayuno, pero en general coinciden en los siguientes puntos.

Debe hacerse primero el propósito o intención y luego observar el ayuno. Esta intención (*niya*) para el ayuno de Ramadán debe hacerse al comienzo del mes, pero algunos dicen que se puede hacer cada día temprano, o por lo menos antes del mediodía.

Quien esté ayunando deberá abstenerse de todas aquellas cosas que rompen el ayuno, llamadas *muftirat*. Algunas de estas *muftirat* son: las bebidas, los alimentos, el fumar cigarrillos, el oler perfumes, el colocarse inyecciones, el provocarse el vómito sin autorización del médico, etc.

Para que el ayuno sea válido deberá ser desde el amanecer hasta el atardecer. Los judíos en cambio, lo practican desde el atardecer hasta el siguiente atardecer.

Se puede comer entonces: antes del amanecer, llamada esta comida *suhoor*, y después del atardecer, llamada *iftar*, comenzando con dátiles y bebidas dulces, ya que proveen de energía rápidamente.

Entre las particularidades de este mes, podemos destacar que en los países islámicos la mayoría de los restaurantes permanecen cerrados durante el día, y los que tienen abierto deben tapar la vidriera para que no se vea hacia dentro. Además, está terminantemente prohibido comer en la calle o en algún lugar público a la vista de aquellos que están realizando el ayuno, esta regla rige para todos, aún para los que son cristianos.

Durante todo el día se puede ver mucha gente comprando alimentos en gran cantidad. Un rato antes de que suene la sirena que avisa que está permitido comer, ya no queda nadie en las calles. En algunos lugares, todo queda paralizado porque se encuentran todos comiendo.

LA PEREGRINACIÓN

El quinto pilar del Islam es la peregrinación a La Meca, el *hajj*, que en su forma final fue instituido por Mahoma en el año 632, año de su muerte. El *hajj* conecta directamente con tradiciones del anterior paganismo árabe, y es un instrumento capital de cohesión islámica. Es también el evento central del calendario musulmán, y contiene sin duda un mensaje y un potencial que pueden ser políticos.

En árabe, esta palabra, *hajj*, quiere decir literalmente «encaminarse a algún sitio para hacer una visita», y en este caso particular encaminarse o dirigirse a la casa de Alá, es decir, a la Caaba.

La peregrinación es obligatoria para todos los musulmanes que tienen capacidad de viajar y soportar el duro procedimiento que se pide en este pilar. También deben tener la capacidad económica para afrontar los gastos del viaje. Es decir, sólo está obligado aquel musulmán adulto que tenga salud y medios para hacerlo, dejando atendidos a sus familiares. No está obligado en caso de enfermedad, impotencia física, falta de medios y peligro de vida, según se expresa en el Corán (3, 96). Está expresamente prohibido hacer el voto de ir a pie.

En esta peregrinación hay diversos ritos, que varían según el país y que, para muchos jóvenes y gente moderna, son en su mayoría simples supersticiones. Tienen como objetivo proteger al peregrino contra los peligros que pueden acecharle en el camino. Así, generalmente, el día que emprende el viaje, al salir de su casa lo hace con su pie derecho y marcha seguidamente hacia la mezquita para cumplir su oración y arrepentirse de sus faltas.

Antes de llegar a territorio sagrado, normalmente entra en estado de *Irma*, que precede a los momentos en que el hombre se pone en íntima relación con Alá. Para eso debe cumplir con algunos requisitos: por ejemplo, debe realizar una ablución mayor y rezar a continuación unas oraciones especiales. Debe bañarse y ponerse un vestido especial (porque los ordinarios están prohibidos), que consiste, según la tradición, en uno similar al que usó Abraham. Está hecho en dos piezas de tela sin costura. Una de ellas se llama *izar*, va enrollada a los riñones y cae debajo de las rodillas. La otra recibe el nombre de *rida* y cubre la parte superior del cuerpo, cayendo detrás de la espalda. En general son de color blanco, y está prohibido que sean de color rojo o amarillo. El calzado debe ser de cuero, y en general se usan unas sandalias sujetas por correas de cuero. El objetivo de este vestuario es que nadie se distinga: ni el rico del pobre, ni el señor del esclavo, ni el sabio del ignorante.

Durante este período se sacrifican los cuidados del cuerpo para poder prestar una atención más devota a los cuidados del alma. Por eso, no está permitido cortarse las uñas ni el pelo, afeitarse, etc. Tampoco se pueden tener relaciones amorosas o hablar de esos temas, ni tampoco hacer nada que induzca a ellas, como usar perfume.

Una vez llegados a La Meca, los peregrinos se dirigen a *Bir Tua* (pozo de Tua) donde se les da un cubo para que se laven y hagan ablución. Luego llega la hora de dirigirse a la mezquita para realizar el primer rito de la peregrinación, llamado *tauaf*, que consiste en dar las primeras vueltas de peregrinación alrededor de la Caaba. Esto se hace bajo la dirección de guías especializados a cuyo cargo están los peregrinos que previamente los han contratado. La vuelta se comienza con el pie derecho, descalzos, entrando por la puerta llamada *Bab es Salam*. Las mujeres pueden realizarla, en grupos aparte de los hombres, pero no pueden entrar a la Caaba hasta que se encuentre llena de hombres.

En ese momento comienzan las oraciones, y se van dando vueltas acercándose a las paredes del santo edificio tanto como sea posible, y al llegar frente a la Piedra negra es costumbre besarla, aunque no obligatorio. Basta con un amago de beso o con tocarla con un bastón si hay mucha concurrencia.

Luego se dan siete vueltas al edificio, de izquierda a derecha. Las tres primeras se hacen a pasos cortos y ligeros, casi como si fueran saltitos, y las últimas cuatro a paso normal. Mientras tanto, se recitan oraciones especiales.

El rito que sigue a continuación es el llamado *saai*, que significa carrera, que se llama así porque los peregrinos realizan siete carreras entre las colinas de Safa y Marua, en memoria del camino que recorrió Agar, la mujer de Abraham, buscando agua para su hijo Ismael.

La peregrinación es el encuentro más grande de los musulmanes: se reúnen más de tres millones de mujeres y hombres para practicarlo en La Meca y Medina. El objetivo es que, si se practica bien, el creyente saldrá limpio, con sus pecados borrados para siempre. Llevar a cabo la peregrinación es uno de los mayores anhelos de cualquier musulmán.

LA SUNNA Y EL HADIZ

El Corán, además de contener los artículos de fe y los pilares del Islam, es también una fuente de ideas y reflexiones en materia de moral y costumbres sociales, que se completaron con las derivadas de las antiguas tradiciones, procedentes de la época de Mahoma o de los tiempos inmediatamente posteriores. Como en casi todas las sociedades agrarias, lo antiguo, o por tal tenido, creaba autoridad y permitía comparaciones con circunstancias más recientes.

Con toda su significación, el Corán no es la única fuente de la religión musulmana. El Corán se complementa con la Sunna, tradición que contiene principalmente los *hádices*, es decir, los dichos del Profeta. Este hecho motiva la denominación de la gran mayoría de los musulmanes como «pueblo de la Sunn» (Sunnitas). Corán y Sunna, vistos como una unidad, maduran en la concepción de la *Sharia* o Ley divina del Islam. El método y sistema interpretativo de la *Sharia*, elaborado por brillantes legistas de los siglos VIII y siguientes, se articula en el *fiqh* («raíces de conocimiento»), que es la explicación de cómo la ley divina se manifiesta y actúa en términos prácticos.

Las bases del *fiqh* son así el Corán, la Sunna del Profeta, el consenso de la comunidad creyente, y el razonamiento analógico. Dado que el Corán requiere interpretación en referencia al *hadiz* (palabras de Mahoma), la Sunna posee un rango semejante al Corán, y algunas veces superior. El *fiqh* ha tenido una gran importancia como elemento unificador de la práctica religiosa, y a la vez ha hecho del Islam una religión y una fe legalistas.

HADIZ, LOS DICHOS DEL PROFETA

Un *hadiz* es un breve relato en el que se atribuyen a Mahoma palabras, actos o decisiones. La palabra *hadiz* (en plural, *ahâdîz*) significaba originalmente información, pero se aplica especialmente a breves relatos en los que se cita palabras (*qául*, un dicho), se describe un acto (*fi'l*) o se expone alguna decisión (*taqrîr*) del Profeta. También significaba novedad, algo reciente, que sucede en el tiempo, opuesto a antiguo, atemporal (*qadîm*), diferenciándose así las palabras, actos o decisiones del Profeta, del Corán, cuya naturaleza se considera eterna. Para los musulmanes, el Corán es *Kalâm Qadîm*, discurso fuera del devenir, mientras que el del Profeta es un *Kalâm Hadîz*, un discurso surgido en el tiempo.

Por su parte, Sunna significa vía, costumbre, modo. Designa la manera de actuar y conducirse de Mahoma, por tanto, se refiere más a su acción. Debido a que la definición de Sunna puede ser un tanto ambigua, a veces se utiliza el término como sinónimo de *hadiz* o para referirse en exclusiva a los *hádices* que describen actos de Mahoma. Lo más frecuente es que se utilice en sentido general: es la Tradición que ha legado Mahoma, su modo, que tiene como opuesto la *bid'a*, la ruptura con esa Tradición. Por su fidelidad a ella, a la ciudad de Medina (*al-Madîna al-Munáwwara*) se la designó con el apelativo de *Dâr as-Sunna* (la Casa de la Sunna).

Hay ciertos *hádices* particulares, llamado *hadiz qudsí*, que no se toman como revelación. Ocurre que en ocasiones Mahoma transmitía a sus compañeros palabras que atribuía a Alá pero que nos las definía como Revelación (*Wahy*), es decir, no tienen la categoría del Corán ni lo sustituyen. Eran, más bien, frases inspiradas, en las que se detecta un estilo diferente, a la vez distinto al del Corán y al de los *hádices* normales.

Esos *hádices* comienzan normalmente por la frase: «El Profeta dijo que Alá dijo...», mientras que en el Corán se cita siempre diciendo: «Alá ha dicho...». Éstos son los llamados *hádices qudsíes* (de *Quds*, lo Inefable, lo Insondable). También se les llama *hádices ilâhíes* o *rabbâníes*, mientras a los *hádices* del Profeta se les llama *hádices nabawíes* o *hádices sharîf*.

Algunos *ulama* (sabios del Islam) opinan que tanto la expresión como el sentido del *hadiz qudsí* provienen de Alá, pero la mayoría piensan que el sentido viene de Alá y las palabras son de Mahoma. La definición más aceptada indica que el Corán es palabra y significado proveniente de Alá, mientras que en el *hadiz qudsí* el sentido viene de Alá, pero el enunciado viene de Mahoma.

LOS SEGUIDORES DE LA SUNNA

Las tres primeras generaciones del Islam (los Sahâba o Compañeros del Profeta, los discípulos y continuadores de los Sahâba, llamados *tâbi'în*, y los discípulos y continuadores de los *tâbi'în*) conforman un grupo al que se llama *Sálaf* (los Antepasados). Ellos se caracterizan por su fidelidad escrupulosa a la Sunna. A las generaciones posteriores a ellos se las llama con el nombre genérico de *Jálaf* (los Sucesores), que con el tiempo fueron perdiendo el espíritu de fidelidad que anidaba en los primeros.

Se llama salafismo (salafía) a la referencia constante al Sálaf por parte de autores pertenecientes a esas generaciones posteriores que querían restablecer la pureza del Islam original. El salafismo es la afirmación del valor de la Sunna, pero no hay que confundirlo con el uso abusivo que hacen de él determinados grupos en la actualidad que confunden el amor al Sálaf con una interpretación literalista y cerrada de la Sunna.

EL VALOR DE LA SUNNA EN LA ARGUMENTACIÓN

En la tradición musulmana, todo lo que dijo, hizo o aprobó Mahoma con la intención de que fuera Ley y fuera seguido por sus prosélitos, si llegó hasta la actualidad de forma correcta con una genealogía que permita asegurar su autenticidad (o al menos nos haga pensar en su probabilidad), se considera como un argumento válido contra una opinión contraria.

La Sunna, por tanto, es una fuente de derecho y legislación en la que se basan los *muy^tahidîn* (los expertos con capacidad para entresacar normas) para deducir juicios legales sobre los actos de los *mukallifîn* (los mayores de edad en uso de sus facultades mentales). Pero la Sunna, al mismo tiempo, es un argumento contra los musulmanes, es decir, pesa sobre sus conciencias y saben que su incumplimiento es una falta grave. Es decir, los juicios que aparecen en las Sunnas, junto a los que aparecen en el Corán, son de obligado seguimiento.

Puesto que la verdadera autoridad en el Islam es el Corán, la afirmación según la cual la Sunna tiene un valor legislador debe basarse en textos coránicos que sirvan como prueba que respalde ese carácter conferido a la Tradición instaurada por el profeta Mahoma.

Por ejemplo, en muchas ocasiones, el Corán ordena claramente la obediencia a Mahoma. Es más, el Corán enseña que obedecerle es lo mismo que obedecer a Alá. También manda resolver los litigios según diriman Alá y Mahoma, y una vez se conozca su decisión, no queda otra opción. Los versículos que enuncian esto son pruebas claras que demuestran que el acto legislador de Mahoma es parejo al de Alá: «Obedeced a Alá y al Mensajero»; «Quien obedezca al Profeta, obedece a Alá».

Está claro que los primeros musulmanes (los Sahâba, lo que fueron Compañeros de Mahoma) entendieron, tanto en vida del Profeta como tras su muerte, que formaba parte del Islam obedecer al Profeta en todo lo que él ordenara. Cumplieron e hicieron cumplir sus normas y decisiones, respetaron lo que él declaró lícito y prohibieron lo que él declaró ilícito, sin diferenciar entre lo que venía de Alá y lo que venía del Profeta (es decir, ponían el mismo empeño en cumplir con lo que Alá ordenara y con lo que ordenara el Profeta). Las siguientes generaciones —la de los Continuadores (*tâbi'în*) y la de los Seguidores de los Continuadores (los *tâbi'î t-tâbi'în*)— hicieron otro tanto.

Es importante que tengamos en cuenta que en el Corán aparecen enunciadas grandes obligaciones que los musulmanes deben cumplir, pero no están detalladas, por lo que, si no se sigue la Sunna, es muy difícil llevarlas a la práctica. «Estableced el *salât* y pagad el *zakât*», «Os ha sido prescrito el ayuno», son algunos de los ejemplos más claro. Fue Mahoma, con su Sunna, quien describió los pormenores de tales prácticas, que no pueden ser realizadas sin esas enseñanzas.

Es decir, la Sunna tiene carácter de *bayân*, de aclaración y explicación, del Corán. Si la Sunna no tuviera carácter obligatorio y si no fuera un argumento que los musulmanes sienten «contra ellos» si no cumplen con sus exigencias, no sería posible cumplir con muchas de las órdenes dadas en el Corán.

Con lo dicho queremos dejar en claro que la Sunna tiene un carácter normativo y, por lo tanto, de legislación. Es por ello que la Sunna se considera como una prueba en sí misma, y queda justificado argumentar a favor de una afirmación apoyándola en la Sunna.

LA SUNNA EN RELACIÓN CON EL CORÁN

A pesar de lo dicho, no debemos confundirnos y creer que la Sunna puede estar por encima del Corán. La Sunna ocupa el segundo lugar, tras el Corán, como fuente para la deducción de normas y juicios. El *muy^tahid* (la persona experta en ciencias legales) acude a la Sunna sólo si no encuentra en el Corán la solución a un tema. El Corán es la fuente principal y primera de legislación, y cuando alguno de sus pasajes tenga el carácter de texto unívoco, es decir, cuando habla estableciendo claramente una norma, debe ser seguido obligatoriamente. Si no se encuentra, para una cuestión, un texto unívoco en el Corán, es necesario remitirse entonces a la Sunna. Si se encuentra en ella, debe seguirse.

En relación con el Corán, una Sunna puede ser:

• Confirmación y corroboración de un juicio coránico. Se considerará entonces que esa norma tiene dos pruebas: una original afianzada en el Corán y otra que la refuerza en la Sunna. Esto ocurre en las grandes cuestiones como las órdenes de establecer el *salât*, el *zakat*, el ayuno de Ramadán, la peregrinación, la prohibición de la idolatría y de los falsos testimonios, la obligación de atender a los padres, la prohibición del crimen, etc. Todas esas cuestiones aparecen enunciadas en el Corán y la Sunna, en sus generalizaciones, es una segunda prueba en su favor.

• En segundo lugar, una Sunna puede ser aclaración que detalla y pormenoriza lo enunciado en el Corán. En este sentido puede cumplir tres funciones: explicación; exposición de un límite o una condición a algo general, o particularización del caso.

• En tercer lugar hay normas islámicas establecidas por la Sunna pero que no tienen un referente en el Corán. Así, por ejemplo, la prohibición de que los varones vistan seda o lleven adornos de oro, que alguien pueda casarse a la vez con la tía de su mujer, o con su hermana de leche, etc. Para estas normas, la fuente principal es la Sunna, ya que no tienen antecedentes coránicos. Según los autores, el origen de esas normas es la inspiración de Mahoma, fundamentada en el espíritu del Corán.

Pero, ¿todo lo que hacía o decía el Profeta se convirtió en legislación? Lo cierto es que no. En la Sunna, en realidad, tuvo cabida todo lo que sus discípulos vieron o escucharon, pero sólo se considera que es de carácter obligatorio seguir los *hádices* que tengan la intención de legislación.

No siempre todo lo que hiciera o dijera Mahoma pasó a tener valor como acto legislador. Lo que es obligatorio seguir de la Sunna es lo que tiene intención de establecer una norma, por lo que es necesario hacer distinciones.

Por ejemplo, la descripción de cómo se sentaba, cómo se levantaba, cómo caminaba o cómo dormía, que figuran en la Sunna, no es más que una narración que pretende explicarnos las formas de actuar o comportarse de Mahoma. Estas descripciones no tienen alcance público, y no hay una intención de que sirvan como modelos. Sólo si Mahoma presentaba algo de ello como modelo a seguir debe ser tenido entonces como norma que debe cumplirse.

Es decir, no basta con que un *hadiz* describa el modo en que llevaba el pelo Mahoma, por ejemplo, como para que sea obligatorio llevarlo así. Sólo si otro *hadiz* lo aconseja u ordena expresamente, entonces es cuando habría que tenerlo en cuenta.

Algo similar ocurre con los dichos personales del Profeta, aquellos que expresaban su punto de vista particular: tampoco tienen carácter legislativo. Por ejemplo, sus opiniones sobre agricultura, medicina, o estrategias de guerra, deben ser consideradas como expresión de sus saberes, en conformidad con su entorno, y no se trata de «revelaciones», a menos que el Profeta lo dijera expresamente. Para el Islam, en todo hay que seguir lo que aconsejan los que saben, y el dominio de Mahoma era la Revelación. Ahí es donde debe obedecérsele plenamente, y en lo que no pertenezca claramente a ese territorio, el musulmán debe tener en cuenta si Mahoma dijo expresamente que había que seguirle en ello o no. Y si lo ordena, pasa a formar parte de la Revelación.

En resumen, todos los relatos que puedan entrar en alguna de las tres categorías que hemos mencionado son Sunna, pero no tienen carácter transitivo; no son, por tanto, legislación ni tienen el rango de canon que obligue a los musulmanes. De ello deducimos que Sunna es un término general en el que cabe todo lo que hiciera o dijera el Profeta, es decir, es la descripción de su modo de hacer las cosas, su vía o tradición. La Sunna tiene valor de legislación cuando tiene claramente esa intención o el tono lo imponga.

Esto, evidentemente, puede dar lugar a muchas interpretaciones, que no sólo sean diferentes sino, en ocasiones, contrapuestas. ¿Cómo es posible determinar el tono de una Sunna, su intención? Algunos, especialmente los más radicales, siguen obsesivamente la Sunna y consideran que todos los *hádices* son de obligado cumplimiento. Y también están los que prefieren afirmar que no hay que seguir la Sunna más que en unos pocos casos «claros», y descartar aquellas en las que habría que interpretar el espíritu y decidir si es o no de cumplimiento obligado.

Dentro del Islam, todos los extremismos son funestos, el de quienes siguen la Sunna literalmente sin criterio alguno, y el de quienes la desechan buscando cualquier justificación. En esto, como en todo el Islam, el sentido común, la sabiduría y el equilibrio, deberían primar.

LA SHARIA, LEY ISLÁMICA

La ley islámica, o *sharia*, define los objetivos morales de la comunidad. La palabra *sharia* significa en primer lugar «camino», el camino que lleva a Dios. Se sabe que era el término usado por los judíos árabes para traducir el término Torá. Pero, a pesar de que decimos que la *sharia* es la «ley» islámica, lo cierto es que esto solamente resulta correcto si no se olvida que más que una lista de leyes concretas, la *sharia* son los principios reguladores de la sociedad musulmana.

Estos principios no se encuentran agrupados en ningún libro sagrado, sino que hay que buscarlos entre los versículos del Corán y los *hadiz* que forman la Sunna. Pero además, hay que tener en cuenta una tercera fuente llamada *ijtihad* (opinión individual responsable) que se utiliza cuando un problema no está tratado en el Corán o en la Sunna; en este caso un jurista puede resolver el problema por medio de un razonamiento (*qiyás*) analógico. Tampoco debemos olvidar la importancia de las decisiones por consenso de la comunidad (*ijmâ*). Éste se logra descartando de forma gradual determinadas opiniones y aceptando otras. Debido a que el Islam no tiene una autoridad dogmática oficial, este es un proceso informal que por lo general requiere un largo período de tiempo.

Los razonamientos analógicos usados para resolver problemas que no estaban explicitados ni en el Corán ni en la Sunna se utilizaron por primera vez cuando los teólogos y juristas islámicos en países conquistados tuvieron que hacer frente a la necesidad de integrar leyes y costumbres locales con el Corán y con la Sunna. Más tarde las autoridades islámicas consideraron que este pensamiento original era una amenaza para el Corán y la Sunna e impusieron normas estrictas limitando su uso.

No podemos pasar por alto que en la sociedad islámica, el término «Derecho» tiene un significado más amplio que en el espacio occidental, pues engloba imperativos tanto morales como legales. Es por esta misma razón que no todo el Derecho islámico puede ser formulado como norma legal ni ser impuesto por los tribunales.

Con todo este material, compuesto por los cuatro elementos que hemos mencionado, los juristas tienen una tarea bastante compleja: han de concretar las leyes para cada época y cada situación. Esto reclama un esfuerzo de interpretación y aplicación de los principios legislativos, y suele promover grandes controversias, porque aquí las interpretaciones son falibles y normalmente representan determinados intereses.

Los juristas agruparon los principios en libros de derecho (*fiqh*) y así aparecieron cuatro grandes escuelas jurídicas (siglos VIII-IX): shafitas, hanbalitas, hanafitas y malikitas. Estas cuatro grandes escuelas han dado pie a la división más importante existente dentro del Islam sunní, que representa el 90 por ciento de todo el Islam. Los distintos países han elaborado leyes más o menos estrictas de acuerdo con la escuela jurídica adoptada. En el Magrib ha dominado la escuela malikita; en los países del antiguo Imperio Otomano, la escuela hanifita; y en Arabia Saudí, la escuela hanbalita, la más rigorista.

Con todo esto, es evidente que no existe una *sharia* concebida como una lista clara y concreta de leyes a aplicar. Podríamos decir que para el mundo musulmán, la *sharia* es la ley de Dios, y que los códigos de derecho (*fiqh*) son el esfuerzo humano para comprenderla.

Hoy día son pocos los países que toman esos códigos antiguos como base de su legislación. Arabia Saudí es uno de tales países. La mayor parte se limitan a adoptarlos para temas de derecho matrimonial y familiar y para cuestiones de herencia. Fuera de tales casos, la *sharia* es difícilmente aplicable en las sociedades modernas. Es tal la complejidad de estas sociedades que la *sharia* deja demasiados huecos legales sin definir. Los pensadores modernos musulmanes acuden a este hecho para fundamentar islámicamente la teoría del Islam como una religión sobre todo interior y espiritual.

EL MALENTENDIDO DE LA SHARIA

En los últimos tiempos hemos visto que desde Occidente se produce un importante ataque a la *sharia*, ya que, según estas visiones, es una de las mayores fuentes de incompatibilidad entre Islam y democracia. La razón sería que la sociedad islámica, con su sistema de leyes, se aleja demasiado de los conceptos fundamentales de la democracia.

El origen del malentendido se encuentra en el peso que la tradición islámica ha dado a la *sharia* o el *fiqh*, es decir, el derecho musulmán clásico. Éste es una suerte de *corpus* de reglas jurídicas que trata de todos los problemas de la vida en sociedad, aunque podemos decir que es incluso más que eso. Estas reglas emanan de la interpretación que se ha dado a las leyes impuestas en el Corán y en la Sunna. Además, la utilización del Islam para legitimar posiciones de opresión política ha sido, como en otras religiones, una constante histórica que ha impedido la reinterpretación de la *sharia* a la luz de los cambios que se iban produciendo.

Hemos visto que en la actualidad, la mayoría de los países islámicos toman el derecho musulmán clásico como una referencia, especialmente por lo que respecta al estatuto personal. Sin embargo, el Islam conservador todavía mantiene a la *sharia* como un referente fundamental, mientras que el Islam liberal no llega a definir exactamente cuáles deberían ser sus contenidos en una sociedad musulmana moderna. De ahí resulta que se den por buenas determinadas interpretaciones que, en realidad, fuerzan los textos sagrados o ni siquiera se basan en los mismos. Y ello sucede, particularmente, con la exclusión de género, con los castigos corporales (lapidaciones, mutilaciones, etc.), con la libertad de conciencia y con el Estado islámico por el que abogan muchas organizaciones islamistas.

El debate entre unos y otros sigue abierto y no faltan los pensadores musulmanes que abogan por una revisión crítica de la historia del Islam. Están incluso los que cuestionan la autenticidad de los *hádices* y proponen una reinterpretación de las reglas jurídicas contenidas en el Corán de acuerdo con las circunstancias actuales y el respeto a los derechos humanos y a las libertades fundamentales.

Por último, aunque no pretendemos con esto agotar el ríspido tema de la *sharia*, queremos dejar en claro algunas cuestiones. Por un lado, el concepto de *sharia* no se entiende ni se aplica de la misma manera en todos los países musulmanes. Esto lleva a que exista, en algunos países, una lectura sesgada de los textos. Así encontramos que existen en el código penal leyes que no tienen su origen en la religión, como la cuestión de los castigos corporales, que se basan más en una tradición «paternalista» común a otros países.

LOS LUGARES SAGRADOS DEL ISLAM

Mausoleos, tumbas y santuarios, mezquitas, lugares de peregrinación... Los lugares sagrados del Islam nos permiten conocer, además de cientos de años de historia, unas costumbres y una cultura que, de otra forma, quizá se nos harían más inasequibles. Del Magreb a Indonesia, de África al Asia central, de los Balcanes a la India, estos miles de lugares del Islam nos acercan a todo aquello que hemos visto en capítulos precedentes, de una forma más directa.

Las tumbas de los profetas, *imames* y santos fueron desde un primer momento, puntos de encuentro y convención. Las ciudades de peregrinación, donde vivió y murió Mahoma, eran ya en su tiempo lugares venerables, y esta característica no hizo sino crecer con el paso de los años.

LA MECA, EL CENTRO DE PEREGRINACIÓN

Es una de las ciudades a las que nos hemos referido a lo largo de esta obra. Constituye el centro de la peregrinación, una de las cinco obligaciones canónicas del Islam, y es también el lugar hacia el cual desde los cuatro puntos cardinales más de mil millones de musulmanes dirigen cada día sus cinco oraciones canónicas. El origen de La Meca es la Caaba que, como hemos visto, constituye la materialización de un santuario monoteísta primordial, que, según la tradición islámica, fue edificado primeramente por el Profeta Adán y reconstruido por Abraham y su hijo Ismael (*Sura 2; Aleyas* 125-127; 3-96).

En el año 630 La Meca fue liberada por el ejército islámico encabezado por Mahoma. La oligarquía de comerciantes mequíes politeístas fue derrotada, y sus 360 ídolos guardados en la Caaba fueron destruidos. En el primer siglo de la Hégira comenzó a construirse la gran Mezquita que rodea la Caaba, reformada y engrandecida en múltiples ocasiones posteriormente. En 1571, el gran arquitecto otomano Sinan realizó notables trabajos para su embellecimiento.

La Meca sufrió varios ataques a lo largo de su historia. Uno de los primeros fue la expedición del rey yemenita Abraha, de origen etíope, en 570, el año del nacimiento de Mahoma. Según el Corán, fue repelida «milagrosamente». En 929, la ciudad fue asaltada por los cármatas, una secta desviada del Islam, que se apoderaron de la Piedra negra de la Caaba. Pero veinte años después fueron forzados por el califa fatimí al-Mansur (946-953) a devolverla.

Actualmente, La Meca, de unos trescientos mil habitantes sigue convocando, como lo ha hecho desde hace catorce siglos, a los peregrinos musulmanes del mundo entero.

LA CAABA, EL SANTUARIO DEL ISLAM

La Caaba es el santuario más famoso del Islam, llamado «el templo» o «la casa de Dios» (*Bayt Allah*). Para el Islam, así como La Meca ha sido el lugar elegido por Dios como lugar de la revelación, la Caaba es el símbolo de la unidad del mundo musulmán, el lugar de la gracia de Dios, de su adoración, de la proclamación de su unicidad. De hecho, la raíz del término «Caaba» significa prominente, exaltado, grande.

Para los místicos musulmanes, e incluso para algunos de sus filósofos y pensadores, la Caaba es también signo de las realidades espirituales: la verdadera Caaba no es otra cosa que el propio interior del ser humano, del que el santuario de La Meca es una introducción indirecta.

La Caaba está situada casi en el centro del patio de la gran mezquita de La Meca, y es hacia donde se orientan los musulmanes del mundo entero durante sus oraciones rituales. Es, también, hacia donde se dirigen cada año centenares de miles de peregrinos para la grande o la pequeña peregrinación. La Caaba tiene en la comunidad musulmana un lugar análogo al que ocupaba el Templo de Jerusalén en la antigua comunidad judía.

La Caaba tiene una forma más bien «cúbica» del santuario. La palabra servía antiguamente, entre otras cosas, para designar ciertos santuarios de la misma forma. Sus dimensiones aproximadas son diez metros de largo, en una de sus caras, paralela a la dirección noreste, por diez de ancho y unos cincuenta de alto. Las cuatro esquinas del edificio tienen nombres especiales. Así, el ángulo dirigido al norte recibe el nombre de *rukn al iraqi* (por señalar a Iraq); el ángulo sur, *al rukn al Iaman* (Iaman); el occidental, *al rukn al Chami* (Siria), y el oriental, *al rukn al hayar al asuad* (piedra negra), a la cual la mayoría de los musulmanes llama *al ayar al asaad*, piedra feliz.

La Caaba está edificada con capas de piedras gris azuladas, que proporcionan las montañas que rodean La Meca. Está ubicada sobre una plataforma de 25 cm de altura. Los cuatro ángulos miran a los cuatro puntos cardinales. Los cuatro muros están recubiertos exteriormente de telas. Delante de la puerta hay una tela especial, bordada en oro y plata, con numerosas inscripciones. Esta tela, llamada *kiswa*, es generalmente de color negro; a los dos tercios de la altura, corre una banda bordada de oro con textos del Corán. Cuando estas telas son renovadas, año tras año, estas inscripciones son distribuidas y vendidas como reliquias y recuerdos. Esta costumbre de cambiar las telas que recubren el edificio sagrado es de época moderna.

En el interior de la Caaba se encuentran tres columnas de madera que sostienen el techo, al que se accede por una escalera. El único mobiliario está constituido por las numerosas lámparas de oro y plata que cuelgan. En las paredes interiores hay una enorme cantidad de inscripciones que recuerdan las restauraciones. El piso está recubierto por baldosas de mármol. Fuera del edificio hay un espacio limitado por una pared semicircular de tres metros de largo por diez de alto y dos de ancho, llamada «al hatim», que en un principio formaba parte del recinto de la Caaba.

En el exterior, en el ángulo oriental, a una altura de 1,40 m, cerca de la puerta, está empotrada la Piedra Negra. Ésta se halla enmarcada en un anillo de piedra engarzada en un círculo de plata. La Caaba está en el centro de un paralelogramo, de 170 por 100 metros aproximadamente, que constituye la superficie sagrada de la mezquita de La Meca. La naturaleza exacta de esta piedra es difícil de determinar: se ha descrito primero como lava, aunque la tradición dice que se trata de un meteorito. Su diámetro es de alrededor de 30 cm. Su color es negro, con ciertas tonalidades rojizas. Durante la visita de los fieles, es tocada y besada con veneración.

Cercano a la Caaba, hacia el sudeste, dentro del perímetro del patio de la mezquita, tenemos el *Makam Ibrahim*: se trata de un pequeño edificio provisto de un techo y de una cúpula, y conserva una piedra en la que se advierte la impronta de dos pies humanos. El patriarca Abraham, según la tradición islámica, se habría ubicado sobre esta piedra mientras construía la Caaba, y los rasgos de sus pies se habrían conservado milagrosamente.

Fuera de la tradición musulmana, es poco lo que se sabe acerca del pasado de la Caaba. Sólo la mención de La Meca por el geógrafo Ptolomeo, bajo el nombre de Macoraba, permite suponer que en el siglo II la Caaba ya existía. Algunos consideran que este nombre podría tener el mismo sentido que la expresión *Mikrab* en el árabe del sur y en el etiópico, en los que significa «templo».

Los relatos populares, cargados de detalles legendarios, acerca del viaje de Abraham a La Meca, que hallamos en el siglo VI, permiten igualmente concluir la existencia de la Caaba y la veneración de la que era objeto —probablemente se trataba de la adoración al dios Hubal—, un culto regulado con normas muy precisas, antes de la aparición de Mahoma. La disposición de la edificación cultural era similar a los santuarios semitas, como se ve, por ejemplo, en los «lugares altos sagrados» de Petra.

Otros relatos, más legendarios aún, fueron suprimidos parcialmente de la tradición musulmana. Estas narraciones hablaban de la tumba de Eva en las cercanías (Diudda), la creación de la Caaba al inicio del mundo, el arcángel Gabriel que deposita allí la Piedra Negra (que era blanca en su origen, pero se volvió negra por el contacto con los pecados de los hombres, especialmente del paganismo), etc. Además, La Meca es considerada como el lugar de la sepultura de Ismael y de Agar, como también de muchos profetas.

Los musulmanes, al intentar explicar lo referente a las construcciones en la Caaba, tienden a dejar de lado los relatos populares anteriores a Mahoma y basarse solamente en lo reportado por el Corán, en el que se afirma expresamente que Abraham e Ismael levantaron los cimientos de la Caaba (2: 121-127). El mismo Abraham, siguiendo una orden de Dios, prescribió a los hombres la peregrinación.

Las reseñas históricas claras comienzan con la historia de Mahoma. Luego de que conquista La Meca en el año 629, Mahoma no realiza ningún cambio en las construcciones del edificio, aunque sí lo llevan a cabo sus sucesores. Un incendio que ocurrió después del año 683 arrasó con la mayoría de las construcciones e incluso parte en tres pedazos la Piedra Negra. Posteriores reconstrucciones parciales ocurrieron en los años 693, 1611 y 1630.

MEDINA, EL DESTINO DE LA HÉGIRA

En el siglo VII, Yatrib, ciudad caravanera del Hiÿaz, era un floreciente oasis agrícola situado cuatrocientos kilómetros al norte de La Meca. Algunos de sus habitantes se convirtieron al Islam entre 620 y 622 y se ofrecieron como ayudantes y protectores de Mahoma. Amenazado por el clan politeísta de Quraish asentado en La Meca, que era hostil al Islam, Mahoma se vio obligado a hacer la «emigración» —hégira (*hiÿra* en árabe)— en 622 con sus fieles compañeros a Yatrib, que adoptó el nombre de Medina (*Madinat al-Nabí*, «la ciudad del Profeta»).

Luego se sucedieron otras batallas contra los politeístas, hasta que finalmente en 626, un ejército quraishí se vio obligado a abandonar el asedio de Medina a raíz de

la victoria musulmana en la batalla del Foso (*al-Jandaq*).
El profeta entró victoriosamente en La Meca en 630 aca-
bando con la oligarquía de los comerciantes politeístas,
y falleció en Medina en junio de 632, donde fue enterrado. La ciudad permaneció como capital del Estado
musulmán hasta que Alí Ibn Abi Talib, el cuarto Califa
(656-661), trasladó su cuartel general a Kufa (Irak).

Hoy día, Medina cuenta con unos doscientos cincuenta mil habitantes. Los peregrinos que la visitan en el
mes de *Dhul'hiŷiŷah* (duodécimo mes del calendario islámico) acuden prioritariamente para recogerse en la mezquita del Profeta, construida cerca del emplazamiento de
la primera mezquita —prototípica— del Islam, que él
mismo mandó a edificar. El cementerio Ÿannatu'l-Baqí
también recibe numerosas visitas.

JERUSALÉN, EL TERCER LUGAR SANTO

A lo largo de este libro nos hemos detenido en varias
ocasiones en la importancia de dos de las ciudades más
emblemáticas del Islam, La Meca y Medina. Sin embargo, hay una tercera ciudad que todavía no hemos mencionado: Jerusalén. Esta antigua ciudad no es sólo un
lugar sagrado para el judaísmo y el cristianismo, sino
también para el islamismo.

En la explanada de las mezquitas de Jerusalén, junto
a la de al-Aqsa, y ocupando un lugar central, se eleva el
Qubbat al-Sakhra: la Mezquita de la Roca. Ella cubre y
acuna la Roca sobre la cual Abraham, padre de todos los
judíos y de todos los árabes, estuvo a punto de sacrificar
a uno de sus hijos, y desde donde el Profeta inició el *mij-
ray*, el viaje nocturno. Por ello es considerado como uno
de los principales «santuarios» del Islam, conocido como

el Quds de Jerusalén, haciendo referencia con ello al carácter insondable de dicha experiencia mística, que se halla en la cumbre de la espiritualidad islámica, como uno de sus misterios más profundos.

El edificio se levanta sobre la roca que forma la cima del monte Moira, significando con ella una triple creencia religiosa: sobre este monte, según la tradición hebrea, Abraham iba a cumplir con el mandato divino de sacrificar a su hijo Ismael (o, Isaac según la tradición judía); el *Sancta Sanctorum* del templo de Salomón y el palacio de Herodes estuvieron sobre el mismo lugar, y por último, y es el aspecto más importante, sobre esta roca el Profeta había apoyado los pies al realizar el «viaje nocturno» de ascenso al Cielo.

En el centro de la explanada de las mezquitas, la cúpula se eleva unos 30 metros de altura sobre la Roca. Está situada sobre un tambor cilíndrico que descansa sobre cuatro pilares separando arcadas de tres arcos. Alrededor de la cúpula fue colocada una construcción octogonal dividida en dos naves por una corona de ocho pilares, separados asimismo por arcadas. Cuatro portales se abren a los cuatro puntos cardinales, y permiten el acceso al interior del edificio. La luz penetra en el interior gracias a dieciséis ventanales abiertos en el tambor, y las cuarenta ventanas —cinco sobre cada lado— que circundan la base octogonal del edificio.

La ornamentación interior, que prácticamente no ha sido modificada con el paso de los siglos, resulta impresionante. Las zonas bajas están revestidas de piedras decoradas con motivos animados. Encima, las paredes están recubiertas de mosaicos con fondo de oro representando un fantástico jardín. Los árboles representados por hojas de acanto y otros motivos vegetales, están cargados de frutas y de joyas. Hasta los arquitrabes llevan un revestimiento de bronce decorado según el modelo antiguo con palmeras, acanto y uva.

La mezquita de la Cúpula de la Roca (*Qubbat as-Sajrah*) de Jerusalén es la primera, desde el punto de vista cronológico, construida entre los años 688 y 692, unos sesenta años después de la muerte del Profeta. Es, por lo tanto, el monumento más antiguo de los que sobreviven de la época primitiva, y en él se conjugan ascendientes bizantinos con elementos doctrinales, materiales y simbólicos que el nuevo orden musulmán exigía.

Generalmente se la conoce también con el impropio nombre de mezquita de Omar, porque se cree que fue este compañero de Mahoma el responsable de su fundación. Si bien es cierto que sobre la roca de este lugar, cima del monte Moira, Omar levantó una pequeña capilla de oración en madera, el verdadero creador de la mezquita fue el califa omeya Abdel Malik. En el año 688 mandó construirla con la idea de expresar el triunfo de las doctrinas de Mahoma sobre las de Jesús y competir con la basílica del Santo Sepulcro de la misma ciudad.

Según una lectura histórica, fueron motivos de política interior los que provocaron la construcción del santuario en el monte del Templo. El califa omeya Abdel Malik buscaba crear un centro importante de peregrinación y culto, que desviase algo la atención de La Meca y de Medina como acaparadores de todas las miradas. Se encontraba en conflicto con las autoridades de estas dos ciudades, que ponían en duda su nombramiento como Califa. Éste llegó a prohibir a los sirios la peregrinación a La Meca con la excusa de que no abandonasen los lugares donde el Islam debía ser defendido. Siendo así, la Mezquita de la Roca se convirtió, por su cercanía a Siria, en un lugar «alternativo» de peregrinación.

Pero más allá de cuestiones históricas, lo cierto es que en la tradición musulmana, la Caaba de La Meca y el Templo de Jerusalén se hallan vinculados por el viaje nocturno de Mahoma. En este viaje, según cuenta la tradición islámica, Mahoma fue llevado desde La Meca hasta Jerusalén, desde donde efectuó el ascenso a los cielos hasta la presencia de Dios, para volver de nuevo a La Meca por la mañana. Dice el Corán (17,1) que el Profeta fue transportado de la «mezquita sagrada» (la Caaba) hasta «la mezquita prohibida» (Haram al-quds). Desde ahí ascendió hasta los pies del Trono de Alá, siendo la Roca de Abraham el «lugar» desde el cual inicia su ascensión.

Existe un momento en la vida del Profeta en que recibe la «orden» de dejar de orientar la *salat* (oración) hacia Jerusalén. Recordemos, sin embargo, que durante gran parte de su vida, el profeta y los primeros musulmanes realizaron la *salat* en dirección a la «ciudad santa de Jerusalén». Este cambio de orientación fue provocado, por lo menos en un sentido externo, por la actitud de las tribus judías de Medina, pero no por ello Jerusalén dejó de ser una referencia para todos los musulmanes hasta la toma de la ciudad en 638.

LA MEZQUITA, LA PRINCIPAL CONSTRUCCIÓN DEL ISLAM

La mezquita (templo) es el edificio islámico por excelencia. Es el sitio sagrado del Islam. Y ello tiene una razón de peso: es en ella donde se lleva a cabo la obligación que todo musulmán tiene en su vida: realizar las oraciones comunitarias. Recordemos que el Islam impone a los creyentes la necesidad de rezar cinco veces al día. Estas oraciones pueden realizarse en cualquier lugar dirigiendo el cuerpo hacia la ciudad de La Meca. Pero los días viernes, los fieles deben acudir a la mezquita para la oración común.

Entrar a una mezquita, tanto a la hora de la oración como cuando está solitaria, produce una extraña sensación. Vacía, se puede admirar su arquitectura; llena, se descubren sus penitentes orando, se palpa su fe, sus reverencias, sus lamentos.

Estos templos sagrados son edificaciones cuadradas o rectangulares con pórticos y, según la tradición, esta forma de las mezquitas tiene su origen en la forma que tenía el patio de la casa de Mahoma en la ciudad de Medina, que se utilizaba para orar con pórticos.

El interior de la mezquita está formado por una gran sala de oración, dividida por columnas y arcos que termina en un muro denominado *qibla*, orientado hacia La Meca. El muro de la *qibla* indica la dirección hacia la que los musulmanes deben dirigir su oración, la ciudad santa de La Meca. Para diferenciarla del resto de las paredes del templo se abre en ella un pequeño ábside o nicho llamado *mihrab*, similar al altar cristiano pero sin su contenido simbólico. Es un nicho cubierto con una bóveda donde en los primeros tiempos del Islam se colocaba el *imam*, la persona que dirige la oración. El *mihrab* es el lugar más sagrado del edificio y ante él se cumple la oración. Quienes ingresan al templo deben hacerlo descalzos en señal de respeto.

El resto de la sala de oración es un espacio techado indiferenciado, dividido en ocasiones por series de arquerías sobre columnas, paralelas o transversales al muro de la *qibla*. Se cree que esta disposición es una herencia de las basílicas paleocristianas, y fue transformada por el culto musulmán en la tipología conocida como mezquita hipóstila. La ventaja que tiene es que evita las articulaciones espaciales jerarquizadas, características de sus antecesoras cristianas. Otra de las novedades de estas salas hipóstilas es su capacidad para crecer indefinidamente, como en el caso de la mezquita de Córdoba, que fue ampliada en numerosas ocasiones debido al aumento de la población.

Las mezquitas, sin embargo, mantuvieron la concepción primitiva del rezo al aire libre, en un patio rodeado de soportales que proporcionaban sombra a los fieles. Por ello, la sala de oración permaneció como un espacio abierto al patio o *sahn*, que siguió siendo un elemento importante del conjunto, a menudo con igual o mayor superficie que la zona cubierta.

Afuera, en el patio, normalmente cuentan con una fuente, en su mayoría con sillas y grifos, para las abluciones, ya que es obligación lavarse antes de entrar a orar. Suelen tener adosado al alminar, además de baños y letrinas, escuelas, un tribunal, y la tumba de algún santo. Sus construcciones, de gran estilo arquitectónico, han sido comparadas con las abadías cristianas de la Edad Media.

El exterior de la mezquita cuenta con diferentes torres denominadas alminares. Estas torres tienen altavoces, desde los que el almuecín o almuédano llama a los creyentes a la oración, cinco veces al día. En los primeros tiempos, en realidad, no existía el alminar, de modo que los fieles se reunían para orar sin necesidad de una llamada previa. Sin embargo, debido al aumento de la congregación, se acabó instituyendo la llamada de un muecín, a viva voz, desde la cubierta más alta del edificio. La Gran Mezquita Omeya de Damasco (705-715) es el primer ejemplo que presenta una torre o minarete, situada en una de las esquinas del patio, para realizar esta función.

En las mezquitas podemos encontrar otros dos elementos característicos. Por un lado, el *mimbar* o púlpito,

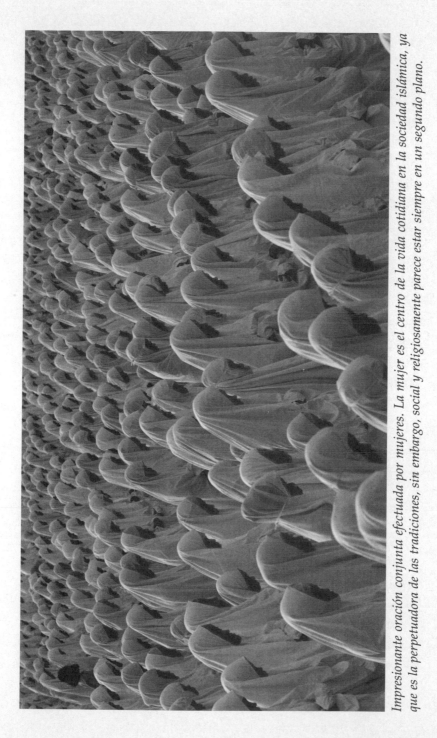

Impresionante oración conjunta efectuada por mujeres. La mujer es el centro de la vida cotidiana en la sociedad islámica, ya que es la perpetuadora de las tradiciones, sin embargo, social y religiosamente parece estar siempre en un segundo plano.

que se utilizó por primera vez en la mezquita de Medina. Al principio se empleaba como estrado, pero pronto se convirtió en un verdadero púlpito para la predicación del imán. Otro de los elementos característicos de las mezquitas es la *maqsura*, un espacio acotado por arquerías situado delante del *mihrab* y decorado con mayor riqueza. Es un ámbito destinado a los gobernantes de la comunidad con el fin de protegerles de sus enemigos, especialmente después de que varios de los primeros califas fueran asesinados por la espalda durante la oración.

Estos edificios son sencillos en el exterior y muy decorados en el interior. Como el Corán prohíbe la representación de formas vivas (tanto hombres como animales), el arte musulmán no admite que la pintura ni la escultura utilicen como sujeto el cuerpo humano. Por eso, los musulmanes debieron crear un tipo de decoración diferente, esencialmente geométrica. En general, imitaban los tejidos y entrelazados. La coloración era monocroma, el oro y el rojo dominaban.

Pero ¿cómo se llegó a crear todo este estilo arquitectónico para construir mezquitas? Sabemos que la primera mezquita construida en el antiguo El Cairo El Fostat fue la de Amrú, primer gobernante musulmán bajo el período de Omar, el segundo califa (642 d.C), y sirvió como modelo durante varios siglos, para las otras que se edificaron en el grandioso mundo musulmán.

Aunque se siguió el estilo arquitectónico de Amrú, hubo algunas modificaciones en la edificación de otras, en el mismo El Cairo, en la India y en España. Y en Constantinopla, después de la toma de esta ciudad por los turcos, se construyeron otras cuyos planos estaban inspirados en la iglesia griega.

Esto explica por qué en la religión musulmana no hay prescripciones que reglamenten la forma y distribución de sus templos, salvo la obligada orientación del *mihrab* a La Meca y la elección de un alminar desde el cual el almuecín llama a los creyentes a la oración.

EL ARTE ISLÁMICO Y SUS INFLUENCIAS

Hemos visto, en capítulos precedentes, que los primeros seguidores de Mahoma fueron pueblos nómadas procedentes de la península arábiga. Por su misma forma de vida, sus tradiciones artísticas eran bastante escasas, en contraste con los imperios que conquistaron posteriormente.

A medida que se expandió, el Islam no rechazó el arte de los pueblos conquistados. Por el contrario, con el tiempo asimiló las distintas tradiciones culturales y artísticas de los pueblos sometidos, y fue capaz de adaptarlas y modificarlas, instaurando así un estilo artístico propio, que varía de acuerdo con las diversas áreas climáticas o los materiales disponibles. Algunos motivos adaptados de otras culturas se convirtieron en temas universales del mundo islámico.

Si echamos un vistazo a las influencias que recibió el Islam, comprobaremos que provenían de los lugares más disímiles del mundo. De hecho, es evidente que el arte islámico evolucionó a partir de muchas fuentes, como las romanas, paleocristianas o bizantinas, que se entremezclaron en su primera arquitectura. Pero también recibió influencias del arte persa sasánida y de los estilos del centro de Asia, incorporados a través de las incursiones turcas y mongolas. El arte chino constituyó un ingrediente esencial de la pintura, la cerámica y las artes textiles.

En el caso de la arquitectura, debemos señalar que el escaso ritual del culto islámico dio lugar a dos tipologías de carácter religioso: la mezquita, y la *madrasa* o escuela coránica. Dentro de la arquitectura civil destacan los palacios, los caravasares y las ciudades, en las que se consiguió un planeamiento racionalizado de acuerdo con las canalizaciones de agua y la protección frente al calor.

Resumiendo, diremos que los palacios, la mayor de las construcciones civiles, servían como vivienda y también de defensa. Se construían generalmente en lugares altos. Se dividían en tres sectores: parte pública, privada y harem. El exterior es sumamente característico: muros desnudos, raras aberturas, terrazas. Un ejemplo modelo es la Alhambra, situada sobre una planicie que domina a Granada, que tiene un recinto almenado y adornado con torres. Los departamentos se agrupan alrededor de dos patios con pórticos. Los techos de estos pórticos son saledizos. En el medio del patio se encuentran pilas y fuentes. La parte privada se abre sobre el célebre Patio de los Leones, y comprende la sala de las dos hermanas, la sala del Tribunal, la sala de los abencerrajes.

Otro edificio importante en el Islam es el mausoleo, donde se enterraba a los gobernantes y se simbolizaba su poder terrenal. Todos estos edificios religiosos y seculares tienen numerosos elementos estructurales y decorativos en común.

Uno de los factores que más nos llaman la atención son las cúpulas, un elemento importante de la arquitectura islámica. Éstas proceden de la arquitectura sasánida y de las tradiciones paleocristianas. La primera mezquita monumental es la Cúpula de la Roca, que mencionábamos más arriba. Tiene un espacio centralizado de planta octogonal rodeado por dos deambulatorios y cubierto por una gran cúpula. Su composición deriva de la arquitectura romana, probablemente de la mezquita del Santo Sepulcro (siglo IV) en Jerusalén.

Con todo, las mezquitas no son el único tipo de construcción religiosa que encontramos en el Islam. Las *madrasas* o escuelas coránicas también conforman un importante ítem. Esta nueva tipología de edificio religioso se introdujo con los Abasíes, en Irán, y su forma, basada en la arquitectura Sasánida, dio lugar a un nuevo tipo de mezquita que se difundió rápidamente por numerosos países.

La *madrasa* y la mezquita-madrasa están configuradas por *iwanes*, es decir, salas emplazadas en los ejes de un rectángulo que se abren con grandes arcos a un patio central. Las *madrasas* suelen disponer de habitaciones en torno al patio dedicadas al estudio o a los dormitorios de los estudiantes. En algunos edificios del último período, el patio está cubierto por una gran cúpula. A partir del siglo XI fueron elegidos por califas y emires para construir sus mausoleos. En estos edificios aparece la decoración basada en mocárabes, especie de estalactitas o formas prismáticas que penden de las bóvedas o arcos.

EL CALENDARIO ISLÁMICO Y LAS FESTIVIDADES MUSULMANAS

El tiempo no avanza de la misma manera para todos. O, al menos, no se cuenta de la misma forma. Así como en Occidente estamos acostumbrados a utilizar el calendario gregoriano para marcar los días, los meses y los años, en el islamismo prefieren regirse por el calendario lunar. Es decir, para los musulmanes, el cómputo del tiempo se efectúa en el contexto de un calendario lunar. ¿Cómo es esto?

En el Islam, la puesta de sol marca el final del día y el comienzo del siguiente, mientras que el avistamiento de la luna tras la conjunción de luna nueva marca el comienzo del mes. «Luna nueva» es el nombre que recibe el momento astronómico en que la Tierra, la Luna y el Sol están alineados, y en ese orden, la alineación Luna, Tierra y Sol produce la Luna Llena.

Por supuesto que podrían tomar otras opciones, como el calendario solar o gregoriano, o el lunisolar, que fue adoptado por los hebreos. La razón de esta elección son las palabras del Corán (*cfr.* 9.36-37, 2.189) y de la Sunna. En la *sura* 9 encontramos incluso la expresa condena a la práctica de incluir dentro del calendario lunar el mes intercalar, que lo convertiría así en lunisolar.

«El número de meses, para Alá, es de doce. Fueron inscritos en la escritura de Alá el día que creó los cielos y la tierra. De ellos, cuatro son sagrados: ésa es la religión verdadera» (*sura* 9-36). Así expresa el Corán cómo es el calendario musulmán. «Ellos preguntan acerca de las fases de la luna, di: sirven para indicar a los hombres el tiempo y la Peregrinación» (2-189).

Este calendario tiene su punto de partida en la Hégira, o sea, la emigración del profeta Mahoma y los primeros creyentes de La Meca a Medina el 16 de julio del año 622 d.C. Sin embargo, lo cierto es que no fue Mahoma quien instituyó la fecha de su huida a Medina como comienzo del año, sino el califa Omar, que decidió dar comienzo a la era musulmana situándola en ese año.

En realidad, el Islam hace uso de ambos sistemas (lunar y solar), pero con una razón específica. La adoración se practica de acuerdo al sistema solar de cálculo, que se usa para determinar las cinco oraciones diarias, o para el comienzo y final del ayuno, etc. El sistema lunar es usado, por ejemplo, en la determinación del mes de ayuno o en disponer cuál es el tiempo de peregrinación a La Meca y otras fiestas.

Decíamos que el mes lunar comienza en el instante posterior al de Luna Nueva, pero quizá sea impreciso afirmarlo. En realidad, habría que decir que comienza con el primer avistamiento de la luna por ojos musulmanes, en las condiciones específicas que establece el orden jurídico islámico, una vez pasada la conjunción de luna nueva. Por supuesto, un mes nunca tendrá más de treinta días. Se introduce así un factor humano que a la postre traerá muchos quebraderos de cabeza. Por ello, todavía hoy se discute en círculos musulmanes cómo decretar el comienzo de mes.

Mientras que el momento de la conjunción llamada luna nueva, además de otros parámetros adicionales, es perfectamente calculable, el comienzo del mes islámico no lo es. Esto se debe justamente a la inclusión del avistamiento como condición necesaria y suficiente para decretar el cambio de mes, una vez agotado el día 29 del que acaba.

En primer lugar, tiene que ser determinado por una persona reconocida, en un lugar aceptado. Pero, ¿es sencillo hacerlo? No demasiado. De hecho, el avistamiento depende de varios factores. Uno de los más importantes está dado por las condiciones atmosféricas. Por ejemplo, ¿qué ocurre si está nublado? O ¿qué pasa si hay montañas alrededor, y la luna no está lo suficientemente alta como para ser vista? ¿Se puede usar un telescopio, o debe ser vista de manera natural?

En resumidas cuentas, los musulmanes están muy limitados, a la hora de fijar un calendario, por la falta de un criterio consensuado que determine lo que se entiende por «primer avistamiento válido». Si este consenso existiera, se procedería a elegir alguno de los muchos criterios que la ciencia ha aportado para predecir la visibilidad. El paso siguiente sería hacer un esfuerzo de observación legal del horizonte en la tarde del 29 del mes —téngase en cuenta que los meses lunares tienen 29 o 30 días—: si se produce un primer avistamiento válido de la Luna, entonces habrá comenzado el mes siguiente en esa puesta de Sol y si no hay avistamiento alguno, entonces se entiende que ese mes consta de 30 días sin que sea necesario observar a la tarde siguiente.

EQUIVALENCIA DE LAS ERAS MUSULMANA Y CRISTIANA

La era musulmana comenzó, según el calendario gregoriano, el 16 de julio del año 622 d.C. Por ello hay que restar esta cantidad de la era cristiana para calcular la equivalencia con la era musulmana, y viceversa, es necesario añadir a la era musulmana esta cantidad para obtener el año cristiano, que corresponde a determinada fecha musulmana.

Para obtener la relación de los años musulmanes con los cristianos se sustrae 1/33 del año de la Hégira y se añade 622. Para obtener la relación de los años de la era cristiana con los años de la era musulmana se resta del año d.C. 622 y se añade 1/32 de la sustracción o se resta:

Por ejemplo:

1. Deseamos saber qué año de Hégira corresponde al año 2000.

$$2000 - 622 + [(2000-622) \cdot 1/32] = 1421$$

2. Queremos saber qué año de la era cristiana corresponde al 1421 de la Hégira.

$$1421 - (1422 \cdot 1/33) + 622 = 2000$$

LOS DOCE MESES ISLÁMICOS

El calendario lunar, al igual que el gregoriano, se compone de doce meses. Pero, evidentemente, no son los mismos. En el Islam, se determinan a partir de las lunaciones. Así se forman ciclos de 30 años, de los cuales son bisiestos los años 2°, 5°, 7°, 10°, 13°, 16°, 18°, 21°, 24°, 26° y 29°. Los años comunes tienen 354 días, y los bisiestos 355 días. A estos últimos se les agrega un último mes, *Dulhiya*.

Los nombres de los meses, algunos de los cuales se refieren a las estaciones, tienen su origen en el calendario árabe preislámico, que originalmente añadía un mes cada tres años, con la finalidad de mantener el calendario lunar en armonía con las estaciones.

Pese a su origen, el calendario musulmán islámico obvia aquella corrección, por lo cual acumula una diferencia de 10 u 11 días por año respecto del calendario solar.

El resultado es que los meses musulmanes se desplazan gradualmente por las estaciones de tal manera que, años después, el mismo mes cae en estaciones diferentes. Es por ello que la traducción del nombre de los meses no coincide en muchos casos con la realidad, debido a que no hay un sistema intercalar para mantener los meses en la misma estación con respecto al sol y, además, los meses retroceden todas las estaciones en ciclos de 32 años y medio.

Una ventaja derivada de esto es que, al existir un desfase, el mes de Ramadán o de ayuno, por ejemplo, se desplaza de año en año por todas las estaciones. De esta forma, ni en el hemisferio sur ni en el norte celebran Ramadán en la misma época todos los años. De lo contrario, en un hemisferio caería siempre en invierno (cuando el día es más corto), y en el otro, en verano (cuando el ayuno se prolonga mucho más, pues el día es más largo).

Con el calendario lunar, el año queda subdividido en los siguientes meses:

1.º *Muharram ul Haram*: Mes sagrado (año nuevo).
2.º *Safar*: Mes de partida.
3.º *Rabi-ul-Awwal*: Primavera.
4.º *Rab-ul-Ajir*: Continuación de la primavera.
5.º *Yumada-ul-Awwal*: Mes de la sequía.
6.º *Yumada-ul-Ajir*: Continuación de la sequía.
7.º *Rajab*: Mes del respeto y de la abstinencia.
8.º *Sha'aban*: Mes de la germinación.
9.º *Ramadhan*: Mes del gran calor (mes del ayuno).
10.º *Shawwal*: Mes del emparejamiento de los animales.
11.º *Dhul Qadah*: Mes del descanso.
12.º *Dhul Hijja*: Mes de la peregrinación.

LAS CELEBRACIONES, MES A MES

Además de la división del año en meses, los musulmanes, como los fieles de otras creencias, celebran determinadas efemérides que sirven de marca en el transcurrir del tiempo y de guía en las devociones.

Muharram, Rajab, Dhul Qadah y *Dhul Hijja* son considerados meses sagrados. Las peleas y discusiones durante esos meses están consideradas pecado.

Así, el primer día del año, el 1 de *Muhárram*, se celebra conmemorando los pormenores de la Hégira o migración, el inicio de la era islámica, cuando, el 16 de julio del año 622 d.C. (según nuestro cómputo de tiempo) Mahoma y un grupo de seguidores huyeron de La Meca para fundar una nueva comunidad de creyentes en Medina.

El día 10 del mismo mes de *Muhárram* se celebra el *Ashura*, en recuerdo de Nuh (Noé) y de Musa (Moisés).

De Noé se recuerda fundamentalmente el diluvio (*Gén.* 6) y la bajada del arca, 40 días después que encallara en el monte Ararat (*Gén.* 8:6). Pero además del fin del diluvio universal, la fiesta de *Ashura* recuerda la liberación de los israelitas de la opresión del Faraón.

Para los chiíes, una de las sectas islámicas más extendidas, el *Ashura* es la festividad más importante del año, ya que recuerdan el martirio de Husain, nieto de Mahoma, a manos de Abu Bakr, suegro de Mahoma y primer Califa, enfrentado a Alí, yerno de Mahoma y padre de Husain.

La ceremonia podrá ser un poco distinta en cada país, pero la base es siempre la misma. Cuando aparece la luna comienza el mes, la gente se congrega en una estructura o en un lugar preparado para la ocasión, llamada en árabe *azhur khana*. Sus paredes son cubiertas con telas negras en las cuales hay escritos versos del Corán.

Dentro de este lugar hay estructuras de madera cubiertas con telas y oropel que representan el mausoleo, el cual fue erigido en la tumba de Husain en la llanura de Kerbala.

Se ponen cerca del mausoleo distintos elementos que suponen que Husain debió haber usado en Kerbala: un turbante, una espada, un escudo, un arco y una flecha. Colocan también un estandarte que en la punta superior tiene la forma de una mano humana, éste es el emblema que representa a los cinco miembros la familia del profeta: Mahoma, Fátima, Alí, Hassan y Husain.

Las celebraciones duran diez días, las más importantes son las que van desde el séptimo día hasta el décimo, y entre estos el décimo es que el que reviste mayor importancia. En todos estos días se va relatando la muerte, el casamiento de Qasim, el hijo de Hassan quien se casó con la hija preferida de Husain, llamada Fátima, justo antes de la batalla de Kerbala.

Aunque en general los musulmanes deploran la masacre de Kerbala, es representada en forma ritual especialmente por los chiíes imamíes, durante la *Azhura* (festividad que recuerda el martirio: pues Husain es considerado mártir por los musulmanes).

Sin embargo, en esta festividad se dan algunas aberraciones como cuando los chiíes se flagelan o se hacen cortes en la frente con navajas para igualar las heridas de Husain.

El segundo mes, el de *Safar*, se asocia con la celebración llamada *Akhir chahar Shamba*, palabra persa para designar «el último miércoles». Se conmemora el hecho que Mahoma en este día experimentó un alivio en su enfermedad, pero murió antes de finalizar el mes.

Para muchos este mes es considerado como un tiempo de mala suerte, en el que se evita, si es posible, realizar negocios importantes. Tiene un especial significado el último miércoles: cualquiera que pase el día sin que le suceda nada malo puede esperar que todo el año transcurra de la misma manera.

Un mes después, el 12 de *Rabí al-Awwal*, se celebra *Mawlid Al-Nabí* o nacimiento de Mahoma, día en que los musulmanes escuchan panegíricos del Profeta y las gestas de su vida. Comenzó a celebrarse en el siglo X y es un día de gran importancia para los sufíes. Para el sufismo, el movimiento ascético musulmán que preconiza la unión mística con Alá a través del conocimiento y de la bondad, ese día es el más solemne de las fiestas que se inician el 1 de *Rabí al-Awwal*, ya que simboliza y expresa la reverencia del Islam hacia Mahoma, considerado como el «varón perfecto». La fiesta adquirió relevancia sobre todo cuando los musulmanes entraron en contacto con los cristianos, que conmemoraban el nacimiento de Jesús.

En Pakistán e India, la fiesta nació con un sentido prácticamente opuesto. La fiesta de *Bara Wafat* también se celebra en el día 12 del tercero es, llamado *Rabí al-Awwal.* Originariamente esta fiesta era observada en conmemoración de la muerte de Mahoma, ya que *Bara* significa 12 y *Wafat* muerte. Aunque muchos también son los que creen que nació y murió en el mismo mes.

En este día la oración con la que comienza el Corán es dicha muchas veces en honor de Mahoma: en las mezquitas y en las casas se recitan partes de la tradición y otros escritos en alabanzas a Mahoma, refiriendo sus milagros, su nacimiento y su muerte.

En la actualidad también es celebrada en Pakistán y la India en este día el nacimiento del profeta *aid ilmilad al nabi*. En esta ocasión se recitan poemas y lecturas y se describen los hechos de Mahoma el que es llamado *rahmatul lil alamin* (misericordia para el mundo).

El mes de *Rajab* tiene una noche considerada como sagrada, ésta es la noche del 26 al 27 llamada, *lailat al mi'raj* o «Noche de la Ascensión». Ese día, en que se cuentan anécdotas de la vida del profeta, se conmemora la visita de Mahoma a Alá, con quien fue conversar y de quien trajo a la Tierra instrucciones precisas, que incluían, entre otras, la obligación de los cinco rezos diarios.

La tradición de la ascensión es asociada con el viaje nocturno desde Jerusalén al cielo. La historia cuenta que fue invitado para este viaje por el ángel Gabriel y conducido hasta allí en un «Borak», es decir, un animal con cuerpo de caballo, rostro humano, orejas de elefante, cuello de camello, alas de águila, cola de mulo y pezuñas de toro. Este animal, según la tradición, tenía todo el cuerpo recamado de oro, perlas y diamantes y su fragancia era muy agradable.

Esa ascensión se inició en Jerusalén, en la meseta de al-Aqsa, donde hoy en día hay una mezquita, una de las más importantes para los musulmanes. Cuenta que en cada uno de los siete cielos, Mahoma encontró siete mensajeros o profetas. En el primer cielo encontró a un gran número de ángeles; en el segundo, a Juan *el Bautista* y a Jesús; en el tercer cielo vio a David y a Salomón; en el cuarto se encontró con un ángel de la muerte y con Adán; en el quinto con otro ángel «de colosal tamaño» y con Henoch, y en el sexto vio a Moisés. En el séptimo cielo, donde terminó su ascensión, «vio a la mayor criatura y prodigio del divino poder; un ángel con setenta mil cabezas. Cada cabeza tenía setenta mil caras; cada cara setenta mil bocas; cada boca setenta mil lenguas, que hablaban setenta mil idiomas». Más allá, en un trono de luz, estaba el patriarca Abraham. Por último estuvo en presencia de Dios.

Con frecuencia estas narraciones son usadas como ocasión para introducir explicaciones sobre la doctrina religiosa como el juicio, el paraíso, el infierno, las oraciones, etc.

Esta festividad no es tan popular como el nacimiento de Mahoma, sólo piadosos musulmanes la celebran, pero para la mayoría la festividad pasa desapercibida.

LAS DOS FIESTAS INDICADAS: DEL RAMADÁN Y DEL SACRIFICIO

De todas las fiestas (*Id*, en árabe), dos fueron expresamente indicadas por Mahoma para ser celebradas: la más importante, *Id al-Fitr* o «fiesta del final del Ramadán» y, en el último mes, la *Id al-Adha* o «fiesta del sacrificio».

Si toda fiesta supone una ruptura de la normalidad y una cierta inversión de las formas habituales de conducta, eso se escenifica de manera especial en el noveno mes del calendario musulmán, el mes de ayuno o *Ramadán*, obligatorio para todo musulmán, y en el que se conmemora la primera revelación de Alá a Mahoma, posteriormente transcrita al Corán.

El inicio del *Ramadán* lo deciden unos observadores designados por los organismos religiosos de cada país, y que, situados en un lugar elevado, han de escrutar visualmente el horizonte, sin ninguna ayuda mecánica, óptica o cálculo matemático, hasta vislumbrar el primer hilo de luz de la luna creciente, que indicará que el siguiente día empieza la fiesta religiosa.

Aunque, en teoría, el inicio del *Ramadán* se decide al mismo tiempo para toda la comunidad musulmana, la extensión geográfica de las comunidades islámicas hace imposible unificar las observaciones, de tal manera que el *Ramadán* se inicia de manera escalonada, por regiones geográficas.

De todas maneras, en el caso de que las condiciones meteorológicas impidan ver el horizonte y el nacimiento de la Luna con la suficiente claridad, el *Ramadán* se iniciará dos días más tarde del que estaba previsto.

Durante ese mes, todos los que han llegado a la pubertad han de abstenerse de comer, beber, fumar, usar perfumes y tener relaciones sexuales durante las horas diurnas, es decir, desde que sale el Sol hasta que se pone y empieza un nuevo día. Recordemos que, como hemos explicado más arriba, para los musulmanes los días empiezan a contarse después de la puesta del Sol, «cuando ya no es posible distinguir un hilo blanco de un hilo negro», y no a medianoche, como hacemos quienes seguimos el calendario occidental.

Como el *Ramadán* sigue el calendario lunar, año tras año se desplaza por las diferentes estaciones, por lo cual la observación del ritual puede resultar penosa durante el verano. En esta época, los días son más largos, por lo que las horas de ayuno se incrementan. La fuerza espiritual resulta imprescindible para seguir los preceptos.

Pero, pese a las duras condiciones que dominan las horas diurnas, éstas quedan compensadas por las expectativas y realidades de las noches, en que las ciudades y pueblos islámicos engalanan las calles, la gente se visita y se hace regalos, los niños cantan de puerta en puerta, se preparan comidas y bebidas extraordinarias, se está de fiesta.

La tradición sostiene que esa noche es cuando se fija el curso de los acontecimientos del año que empieza a partir de entonces y hasta el próximo *Ramadán*. Esa noche, originariamente, se reveló todo el Corán a Mahoma.

Otra festividad importante es el último viernes del *Ramadán*, en que los musulmanes hacen una visita especial a la mezquita para decir adiós al mes de ayuno. Cuando acaba el *Ramadán* empieza el mes de *Sh'awwal*, con la fiesta mayor, la *Id al-Fitr*, o «fiesta de la ruptura del ayuno». Ese día los musulmanes se reparten bendiciones y se desean felicidad, personalmente o enviándose tarjetas, dando gracias a Alá por haberlos ayudado a superar las dificultades del *Ramadán*.

Ese día lo empiezan bañándose y vistiéndose con la mejor ropa. Después acuden a la mezquita para las oraciones, y el gentío suele desbordar el recinto sagrado y extenderse por el exterior. Después de las oraciones, la gente se intercambia regalos y visita a los parientes y amigos. También están obligados a dar limosna a los pobres. A lo largo del día los musulmanes han de reflexionar sobre el significado del Islam e intentar limar las diferencias con la familia y los amigos, para poder empezar una nueva vida bajo el signo de la paz y la reconciliación.

Más adelante, el 10 del último mes, *Dhul-Hijja*, se celebra *Id Al-Adha Al-Mubarak*, que suele durar tres días. Es la Fiesta del Sacrificio, y está estrechamente ligada a la Peregrinación a la ciudad santa de La Meca, en Arabia Saudita. Esa fiesta es la culminación de ese rito que el musulmán debe realizar al menos una vez en la vida. La festividad es celebrada tanto por los que se encuentran de peregrinación, como por el resto de los musulmanes en el mundo, y en ella se sacrifican reses de ganado, de las cuales se come en comunidad.

Ese día, tanto los musulmanes que están en La Meca como en el resto del mundo, inician la fiesta con una oración en común y sacrifican un animal. El sacrificio se lleva a cabo cuando la gente vuelve de sus oraciones. Puede ser un cordero o una cabra. Algunos acostumbran juntarse en pequeños grupos (no más de siete) y sacrificar un animal más grande como podría ser un camello o una vaca.

El animal para sacrificar debe ser sin defecto de cualquier tipo. Cuando todo está preparado para esto, el jefe de la familia (o cualquier otra persona que lo pueda hacer, como por ejemplo un carnicero) toma el animal y lo lleva hasta la puerta de su casa, colocando su cara hacia La Meca, y mata al animal cortándole la garganta. En el mismo momento va pronunciando las palabras *bismillah Allahu akbar*. Cualquier otra forma de matar la víctima es denominado *haram*, o sea, prohibido. Un dato que no deja de llamarnos la atención es que en países como Egipto, debido a la gran cantidad de gente que realiza este sacrificio, las calles quedan manchadas de sangre.

La carne es repartida entre los parientes y los pobres (una tercera parte para cada uno), y lo que sobra se lo queda la familia para consumo propio.

LA CEREMONIA DEL NACIMIENTO

La primera obligación que se debe cumplir en el nacimiento de un niño es decir el *adhan* (el llamado a rezar) en el oído derecho del bebé. El texto del *adhan*, que debe ser dicho por un hombre, es el siguiente:

> *Alá es el más grande (se dice cuatro veces)*
> *Yo confieso que no hay Dios fuera de Dios y que*
> *Mahoma es su profeta (dos veces)*
> *Vengan a rezar (dos veces)*
> *Vengan a la felicidad (dos veces)*
> *Alá es el más grande (dos veces)*
> *No hay Dios fuera de Dios*

El propósito de pronunciar estas palabras en el oído del niño tiene dos sentidos. Por un lado, que el niño se familiarice con la profesión de la fe islámica; y por el otro, preservarlo de la influencia del infierno y de los malos espíritus.

De acuerdo con la ley islámica es una costumbre recomendable la de dar al niño su nombre en el séptimo día de nacido, pero esto se puede hacer antes o después. Es el padre quien, usualmente, le busca el nombre al hijo varón, y la madre a la hija, aunque para esto no se hace ninguna ceremonia especial.

El nombre luego será completado por otros elementos: el sobrenombre por el parentesco, el sobrenombre de honor o apodo, y la atribución referida al país, a la familia, al oficio, etc. Las niñas suelen recibir el nombre de las mujeres de la familia del profeta, tales como Khadija, Fátima, Aisha, o nombres de flores, o nombres como *mahhuba* (amada).

La mayoría de las veces tanto para la mujer como para el hombre se usan nombres con significados religiosos. Es muy común entre los musulmanes llamarse Mohamad (Mahoma), Ahmad (el glorificado, hace alusión a Mahoma), o Mahmud (de la misma raíz del nombre Mohamad).

En el séptimo día de nacidos o el primer día que se les corta el pelo a los niños se festeja con una celebración especial llamada *aqiqa*. El origen de esta celebración es preislámico, pues en aquellos días el nacimiento de un hijo era celebrado con especiales ceremonias.

Desde entonces, e incluso en la actualidad, se sacrifica un cordero, y la cabeza del niño es frotada con la sangre de la víctima para preservarlo de los espíritus malignos; luego la cabeza del niño también es afeitada. El nacimiento de la niña, por el contrario, no tiene ninguna celebración especial.

También se acostumbra a hacer un sacrificio por el nacimiento de un hijo, que consiste en matar dos animales pequeños (cordero o cabra) para el varón y uno para la mujer, y distribuir la carne entre los pobres.

Una costumbre practicada entre los musulmanes es la circuncisión (*jitan*), costumbre heredada posiblemente del judaísmo. De hecho, ésta ya era una práctica conocida por los árabes antes del período musulmán, y Mahoma no intentó cambiarlo. En realidad, si buscamos en el Corán, veremos que no menciona nada que haya dicho Mahoma con respecto a esto. Sólo dice que los creyentes deben seguir la religión de Abraham, y como éste fue circuncidado, ellos también deben serlo.

LA CELEBRACIÓN DE LA BODA

Nikah es la celebración del contrato matrimonial y se distingue por la alegría con la cual es acompañado. Es llamado *shadi* en lengua persa y *urs* en árabe. El casamiento, según la ley musulmana, es sólo un contrato civil, por lo tanto su validez no depende de ninguna ceremonia religiosa. Para que sea legal debe existir:

• El consentimiento de las partes.
• La presencia de dos testigos hombres o un hombre y dos mujeres, aunque la omisión de este último elemento no invalida el contrato.

La celebración de la boda es, probablemente, uno de los ámbitos en que las diferencias entre el hombre y la mujer son más evidentes. Por ejemplo, los hombres tienen permitido casarse hasta con cuatro mujeres, además de tener las concubinas que quieran. También se permite el casamiento entre un musulmán y una mujer de otra religión, pero no se permite que una musulmana se case con un hombre de otra religión. Uno de los motivos principales que hay para no permitirlo es que los hijos automáticamente asumen la religión del padre, por lo tanto los hijos no serían musulmanes.

El casamiento está prescrito para todos los musulmanes, el celibato está para la mayoría condenado. En la tradición islámica lo encontramos en las palabras de Mahoma, que dijo: «Cuando las siervas de Dios (mujeres) se casan, Él perfecciona la mitad de su religión». Con expresiones de este tipo queda bien en claro la convicción que tienen de que el casamiento es para todos.

La mayoría de las veces los casamientos son arreglados por los familiares, por esto es posible que los novios no se conozcan hasta el día del compromiso. La mujer generalmente no tiene posibilidad de elección, y suelen casarse entre parientes (cercanos o lejanos) para mantener el apellido de la familia.

Como la ceremonia religiosa no forma parte de la condición legal, no hay una sola forma de realizarlo. A veces simplemente se recita el *fatiha* y el *durud* o bendición. Generalmente, las ceremonias religiosas suelen ser así: el jefe religioso (*qadi*), el novio y el abogado de la novia (puede ser algún familiar) se juntan para arreglar el monto de la dote. Luego el novio repite, después del *qadi*: «Yo deseo perdón de Dios el cual es mi Señor», entre otras oraciones, y luego consiente el monto de la dote arreglada.

Sigue entonces el *nikah*, que varía según el país donde se realice. Una costumbre muy importante es la de celebrarlo con gran cantidad de comida; para la persona invitada es una obligación el asistir, excepto que tenga una razón válida para no hacerlo.

La Alhambra de Granada, (detalle de una ventana) es una muestra viva de la presencia islámica en España durante ocho siglos.

EL CEREMONIAL DE LA MUERTE Y EL ENTIERRO

Tal como ocurre en la mayoría de las religiones, las ceremonias de entierro están muy pautadas, y son un legado de años de tradición que aún hoy se conservan. En el caso del islamismo, esta ceremonia tiene cuatro puntos fundamentales:

- La primera acción que se debe llevar a cabo es el lavado del cuerpo del difunto. Una vez que el cuerpo está completamente limpio, se lo somete a numerosos baños rituales para prepararlo para la oración. Los orificios del cuerpo son cerrados con tapones o algodón perfumado.
- Luego, el cuerpo es envuelto en una mortaja de dos piezas sin costura, tal como se realiza en el judaísmo, por ejemplo.
- Se realiza una oración en honor de la persona muerta, que puede hacerse en la mezquita, en la casa o cerca de donde vivía.
- Por último, se lleva a cabo el entierro. En árabe se utiliza el término *jinaza*, que es usado tanto para el entierro como para el servicio fúnebre.

La ceremonia en sí comienza con una oración en la mezquita o en un espacio abierto cerca de la casa del difunto. El pariente más cercano es quien recita las oraciones, pero también puede realizarlo el *imam*. Estas oraciones tienen un orden especial, y quienes participan deben colocarse de pie en hilera mirando hacia La Meca.

Luego se sientan todos en el suelo, levantan sus manos y en silencio rezan por el difunto, luego se dirigen hacia donde están los familiares y les dicen: *Allah irhamo* (Dios tenga misericordia de él), ellos responden: *Allah isalmek* (Dios te dé paz).

El paso siguiente es llevar en procesión al difunto a la tumba. Las mujeres generalmente no van o acompañan sólo una parte. Los familiares y amigos caminan junto al «anda» (especie de camilla con el cuerpo del difunto). El poder cargarla es un honor y es considerado como un acto muy meritorio. También es para ellos meritorio el asistir a los entierros de los cristianos y de los judíos, aunque en la práctica no siempre existe esta posibilidad, como ocurre en los países donde el Islam es la única religión permitida.

Al contrario de la práctica cristiana, los musulmanes llevan al difunto rápidamente hacia la tumba, porque consideran que así aceleraran su felicidad, y que si tiene pecados lo podrán liberar pronto de ellos.

Si una persona murió por causa del país, como sucede en una guerra, éste es considerado como mártir (*shahid*). En ese caso se envuelve el cuerpo con la bandera del país y, mientras se lo lleva, se va diciendo *shahid habib Allah* (el mártir es amado de Dios). Aún habiendo tenido pecados en el momento de su muerte, por este acto se le borran todos los pecados y recibe mayor gloria en el Paraíso. No hay ningún tipo de averiguación sobre su vida previa, ni sobre sus disposiciones ante la muerte, ni siquiera si aceptó ésta voluntariamente o no.

Para todos los casos, la tumba es cavada en el suelo de la siguiente manera: la medida será siempre la altura de un hombre en posición vertical. Si es para el cuerpo de una mujer, la profundidad será hasta el pecho, y si es para un hombre será hasta la cintura.

El cuerpo es colocado con la cabeza orientada hacia La Meca. La persona que coloca el cuerpo en la tumba dice: «Nuestra comunidad te sepulta en el nombre de Dios y la religión de Mahoma». Luego, la tumba es cerrada con ladrillos o tablillas y rellenada con tierra. El muerto raramente es enterrado con el ataúd: aunque está permitido, prefieren que el cuerpo descanse sobre la tierra. En general, se colocan inscripciones del Corán en la tumba.

Después del entierro la gente reza la *fatiha* (primer *sura* del Corán). Una vez que se han alejado cuarenta pasos de la tumba rezan la profesión de fe, porque creen que en ese momento dos ángeles comienzan a hacer las preguntas al difunto para comprobar su fe.

Durante los días siguientes, los deudos deberán vestirse con ropas oscuras y las mujeres no se pintarán. Algunas veces permanecen con las mismas ropas durante los primeros días.

Al tercer día se debe visitar la tumba y recitar algunos versos del Corán. Al séptimo día y al decimocuarto se ofrece una comida para los familiares y amigos. En esta ocasión también se recitan versos del Corán con el propósito de que sirvan al difunto para alcanzar una bendición celestial.

DIVISIONES Y UNIDAD DEL ISLAM

Hay ocho palabras en árabe que resumen la creencia central de los musulmanes de todo el mundo: «No hay más Dios que Alá, y Mahoma es su profeta». El mismo Corán habla de una comunidad islámica que trasciende las fronteras, los lugares y las razas. La unidad se evidencia en todos los aspectos. En esta comunidad, se supone, no existen jerarquías religiosas; los jefes de las distintas comunidades son jefes políticos que antes se llamaban Califas. En las comunidades islámicas no se ejerce el sacerdocio, sencillamente porque todos los musulmanes son iguales ante Dios.

Estos rasgos y otros referidos a normas éticas y sociales influyen, aunque con lecturas y prácticas más ortodoxas o más reformistas, en las costumbres y en los hábitos que dan sentido de pertenencia a la comunidad islámica.

No olvidemos, además, que hombres pertenecientes a la cultura musulmana hicieron grandes aportes a la filosofía, a las ciencias, a la arquitectura y a las artes que, si bien trascendieron al resto de las civilizaciones y son parte del patrimonio de la humanidad, ayudaron a dar homogeneidad al mundo musulmán.

Ello ocurre, por ejemplo, con la arquitectura, con diversas manifestaciones de la poesía, de la música, de la literatura, de la artesanía, modalidades de producción agrícola, vestuarios, joyas, armas y otros. El Islam no es sólo una religión, sino que es, innegablemente, una cultura en un sentido sociológico y antropológico.

Pero el Islam no está unido como muchas veces considera Occidente. Es una comunidad dividida, con muchas caras y escuelas. El laberinto de variantes dentro de la creencia islámica es casi infinito, como corresponde a una doctrina sin jerarquía y sin ortodoxia alguna.

La falta de ilustración y el poco hábito de estudio que había de ser propio a un pueblo nómada e inculto como el árabe, y la indiferencia con que recibieron la nueva religión, no era terreno propicio para el desarrollo de sectas consideradas como más heterodoxas.

Entonces, ¿cómo se llegó a tal división? La conquista de Mahoma y sus seguidores traspasó las fronteras de Persia, y surgieron en el Islam multitud de cuestiones teológicas, relacionadas con el concepto de la divinidad, con la predestinación y el fatalismo.

El deseo de completar el Islam con doctrinas cristianas, mosaicas, brahamánicas o zéndicas, y a veces móviles políticos de recuperar la independencia persa, trajeron como consecuencia el fraccionamiento de la unidad islámica en muchas sectas, que algunos historiadores han llegado a elevar hasta 73.

La gran aspiración unitaria del Islam —la comunidad islámica (*umma*)— se frustró poco después de la muerte de Mahoma, cuya sucesión provocó el cisma político entre la ortodoxia (sunní), ganadora en el enfrentamiento y mayoritaria, y la heterodoxia (chiita), rama minoritaria (excepto en Irán, el sur de Irak y parte de Líbano), que agrupa a los que creen que Alí, primo y yerno de Mahoma, era el sucesor legítimo para convertirse en Califa.

UNA HISTORIA DE DIVISIONES

Retrocedamos en la historia y situémonos en los orígenes de esta pujante religión monoteísta para comprender cómo se llegó a una situación de tanta fragmentación. El Islam experimentó en sus primeros años, ya en vida de su fundador, el Profeta Mahoma, una espectacular expansión territorial. Además, fue en su primer siglo de vida cuando se establecieron las principales ramificaciones musulmanas, que están plenamente vigentes hoy día.

Es también en aquellos primeros años cuando, con los cuatro primeros Califas, se establece el texto definitivo del Corán. Igualmente, se realiza la primera recopilación de la Sunna que, como hemos visto, es la colección de hechos y dichos de Mahoma contados por los testigos directos de los acontecimientos. De ambos, Corán y Sunna, se deduce la *sharia*, o ley islámica, que regula el conjunto de actividades públicas y privadas de todo musulmán.

Esos cuatro primeros Califas fueron líderes políticos, hombres de acción y autoridades espirituales: el ejemplo ideal al que miran los musulmanes de todas las épocas.

Los sunnitas aceptaron a los inmediatos sucesores de Mahoma, que fueron Abu Bakr, Omar, Othman y Alí. Todos ellos habían sido compañeros y discípulos de Mahoma y uno a otro se sucedieron en el califato. El Califa era el jefe espiritual y político de la nación islámica en los primeros siglos del Islam.

De todos ellos, solamente el cuarto, Alí, era pariente de Mahoma, su yerno, por haber contraído matrimonio con su hija. Ésta constituye, pues, la principal diferencia con los chiíes, que apoyan el califato hereditario y afirman que sólo Alí fue el primer sucesor legítimo del Profeta, el primer «recto y bien guiado líder espiritual».

Es entonces con Alí, yerno del Profeta y cuarto Califa, que se produce la primera gran fragmentación entre los musulmanes. Mahoma había investido a su yerno Alí de una «jurisdicción igual a la suya». Sin embargo, a la muerte del profeta fue postergado por tres califas antes de dirigir la comunidad, y cuando accedió al califato se enfrentó con una oposición virulenta sostenida por la aristocracia mercantil de La Meca. Después de varios enfrentamientos, se llegó a una negociación, pero en el año 661, murió asesinado por sus enemigos.

Al morir Alí asesinado, sus seguidores crearon un partido, la Chía, considerando que los Califas Omeyas que le sucedieron carecían de legitimidad. Los opositores a la línea oficial de los Omeyas se posicionaron en las filas del chiísmo. Después de Alí la lista sigue con algunos de sus sucesores directos, sin embargo, en el año 680, Hussain, descendiente y heredero de Alí, murió en la batalla de Kerbala, ante las tropas oficiales del Islam. Desde entonces, no han seguido reconociendo tampoco a los califas posteriores. Esto explica algunas de las diferencias en cuanto al califato y a los sucesores de Mahoma.

En el año 750, los abasidas que habían aglutinado a todos los opositores al régimen Omeya, consiguieron la victoria y erigir su califato en Bagdad. El último Omeya se refugió en España y fundó el emirato de Córdoba, posteriormente, también califato.

LOS SUNNÍES, EL GRUPO MAYORITARIO

Los sunníes o sunitas aceptan la Sunna (el libro de la tradición que estaba compuesto de vivencias y pensamientos del propio Mahoma recogidos por algunos de sus seguidores, amigos o allegados), que consideran sirve para adaptar el Corán a todo tiempo y lugar. Los sunnitas, también denominados ortodoxos, son partidarios de la familia Omeya, y aceptan tanto el Corán como la Sunna.

Los partidarios de esta tendencia procedían, en su origen, preferentemente de las clases ricas y privilegiadas de Arabia y de las nuevas tierras conquistadas.

Tanto ayer como hoy, creen en el califato electivo, y no admiten secta alguna. Considerados en sentido amplio, suponen entre el 85 y el 90 por ciento del total de los musulmanes de todo el mundo. Luego, cerca de un 10 por ciento es chiíta, y el resto pertenece a grupos muy minoritarios (drusos y otros). De hecho, la gran mayoría de los países musulmanes son sunníes, exceptuándose Irán, Iraq, Azerbaiyán, Yemen y algunos estados del Golfo.

De todas formas, suniíes y chiíes no están absolutamente separados. Sus diferencias son matizadas discrepancias en cuestiones de interpretación y de aplicación de la ley, tanto en su plano individual como colectivo.

Pero ni siquiera los sunníes son una unidad. Ya desde mediados del siglo IX, entre los sunníes surgieron cuatro corrientes interpretativas que cristalizaron en otras tantas escuelas jurídicas, todavía hoy, únicas aceptadas por los sunníes: hanafí (de Abu Hanifa, la más liberal), la malikí (de Malik), la xafeití (de Chaffi, especialmente vigorosa en Egipto) y la hanbalí (originada en Bagdad, la más rigurosa y en la que se gestará el wahhabismo).

Los wahabíes, en el poder en Arabia Saudí, no son una secta en sí mismos, sino una variante especialmente

puritana y ortodoxa del sunnismo. Rechazan radicalmente toda forma de idolatría, lo que les llevó tiempo
atrás a la destrucción de santuarios en Kerbala y en la
propia ciudad de La Meca. Tras la conformación del
Estado saudita, relajaron en parte su doctrina, aunque
se les considera el régimen más extremista del mundo
islámico, al margen de los talibán afganos. A modo de
ejemplo, sirva decir que no abolieron la esclavitud
hasta 1962.

CHIÍES, LOS RELEGADOS DEL MUNDO ISLÁMICO

La gran mayoría de los musulmanes son sunitas,
pero los denominados chiíes o chiitas tienen en el
mundo islámico una importancia nada despreciable.
Los chiítas son una de las corrientes internas del Islam,
y por ser la heterodoxa y minoritaria ha sido margina-
da, aunque en algunos países llega a tener una amplia
mayoría.

Desde su formación, el chiísmo se ha desarrollado
como un modo particular de vivir, pensar y sentir el
Islam. Se adorna con rasgos populares y piadosos, y
toma inspiración de la experiencia histórica en torno al
fracaso y al martirio.

Los chiíes, aunque respetan la Sunna, no aceptan que
sea de carácter sagrado, tal como hacen los demás
musulmanes (que justamente por eso se denominan sunníes). Por el contrario, los chiíes atribuyen mucha importancia a las enseñanzas transmitidas por los doce imanes
sucesores de Alí.

La creencia en el retorno del *Mahdi*, el imán oculto,
ha generado una esperanza mesiánica cuya venida se

producirá en la Hora Final, implantando un Reino de Justicia, por lo que el martirio tendría un carácter redentor. En espera de ese momento en que aparezca el *Mahdi*, los chiítas se rigen bajo la autoridad del imán, un guía infalible, que ejerce de juez en las cuestiones teológicas y jurídicas del Corán. Estos jueces que ejercen de guías son los que producen la impresión de tener clero, cuando el Islam no tiene sacerdotes. Son expertos en la interpretación de la *sharia*, pero no hombres consagrados por Dios para ejercer su ministerio. A éstos se los denomina *ayatolás*.

La fe chií, entonces, se centra en los imanes, que son en general personajes carismáticos y sucesores dentro de la familia del Profeta. El ayatolá Jomeini, líder religioso-político de la revolución iraní de 1979, no se proclamó *madhi* pero usó el título de Imán y no negó explícitamente su posible identificación con el Imán esperado por la comunidad de los chiítas.

Es justamente en este país, Irán, donde el chiísmo cuenta con mayor cantidad de fieles, especialmente provenientes de las clases populares (sin olvidar que también se encuentran en ciertos lugares de Iraq, Líbano, etc.). En Irán, en 1979, pudieron instaurar bajo el liderato de Jomeini una república islámica siguiendo las directrices islámicas del chiísmo, algo que permitió que este movimiento religioso poco conocido pasase a ser del conocimiento general.

LAS SECTAS CHIÍES

El chiísmo no es homogéneo, en su historia ha tenido importantes divisiones que provocaron la aparición de distintos grupos dentro de esta corriente.

El grupo mayoritario de chiítas, de todas maneras, está compuesto por los duodecimanos o imaníes (el 90 por ciento de los chiítas), que son los que esperan la vuelta del duodécimo descendiente del Profeta, perdido en el desierto, y que les dejó descabezados desde el siglo IX.

Los jaridchíes, por su parte, son un grupo escindido en los primeros tiempos del chiísmo, debido a lo que ellos consideraron actitud cobarde de Alí. Creen que el Califa no tiene por qué ser descendiente del Profeta, sino que ha de ser el más digno y piadoso de la comunidad, lo que les dio cierto éxito en poblaciones no árabes, como las del Magreb.

Sostenían que la comisión de pecados serios sin arrepentimiento excluye al individuo de la *umma*, lo que les llevó a considerar impías a las autoridades en su época inicial. Los jaridchíes más moderados, también denominados *mzabíes* o *ibadíes*, sobreviven hoy en día en número de apenas millón y medio, repartidos por Omán, Djerba y el sur de Argelia.

De los chiíes también se desprendieron otros dos grupos, el ismailismo y el zaidismo, algunos de los cuales tuvieron el gobierno en algunos países, como Egipto, cuando el imperio árabe se fracturó y desapareció debilitado por sus tensiones internas.

Los ismaelitas son otra secta de chiítas radicales escindidos, con fuertes influencias del gnosticismo y el neoplatonismo. Entre las variantes de esta secta encontramos a los alawíes, que creen que Alí fue una encarnación de Alá; los drusos, surgidos tras la desaparición en El Cairo del Califa al Hakim, a quien consideran también una encarnación de Dios; y la novelesca secta de los *hashassin*, los «asesinos», especie de orden antitemplaria extendida por Armenia, Siria y Tierra Santa en la época de las Cruzadas. Fundada por el misterioso

Anciano de la Montaña, tenía su centro en la fortaleza de Alamut, donde los miembros eran adiestrados en las artes del asesinato y fanatizados mediante el uso de estupefacientes, lo que les llevaba a cometer los más audaces crímenes seguros de alcanzar el Paraíso. Llegaron a asesinar a grandes personalidades de la época, tanto musulmanas como cristianas, entre ellas un Gran Maestre del Temple. Fueron definitivamente arrasados por las hordas mongolas.

SUFISMO, EL MISTICISMO MUSULMÁN

Un aspecto importante del Islam es el misticismo cultivado por los sufíes, que se desarrolla a partir del siglo IX, con una tradición de maestros, grupos, y órdenes que han pervivido hasta nuestros días. En realidad, los sufíes, o místicos musulmanes, no son verdaderamente una secta en sí mismos, pues surgieron en las distintas variantes del Islam.

El sufismo no es una tendencia política. Espiritualista y tradicional, propone al fiel musulmán una experiencia religiosa personal; llegándose a hablar, incluso, de un misticismo sufí. El movimiento sufí ha inyectado en el Islam una espiritualidad de carácter interior que ha servido de contrapeso a una religión preocupada esencialmente por las formas externas y las observancias legales. Aficionados a la música, el baile y la poesía, elevaron el árabe vulgar a lengua religiosa, y esto les valió cierto predicamento entre las capas populares.

Los maestros sufíes se inspiraron originariamente en las tradiciones místicas de las iglesias orientales cristianas, de modo que su doctrina no tiene origen autóctono. La conciencia mística no corresponde al talante profético y activo de la religión islámica, que se hallan bien ejemplificados en la vida de Mahoma. Pero el misticismo de los sufíes ha cumplido atípicamente un papel religioso, y sobre todo ha contribuido, de modo informal pero eficaz, a la difusión del Islam en los pueblos del África negra.

Es cierto que contaron en su momento con una recia oposición, pero, finalmente, la *ijma* sirvió para justificar el misticismo «verdadero», que encontró sutiles (aunque quizás un tanto rebuscadas) confirmaciones en el Corán y la Sunna, frente al misticismo herético, de tipo panteísta. El misticismo ortodoxo es de carácter fundamentalmente ético; pretende la unión con Dios a través de la purificación moral del alma.

En realidad, los sufíes absorbieron las enseñanzas de místicos judíos y cristianos que vivían en determinadas zonas de Oriente Medio, y fueron desarrollando sus ideas ascéticas iniciales en prácticas más formales. Así nacieron centros de sufismo a cargo de un maestro con sus discípulos que sirvieron para expandir el Islam; con el paso del tiempo los centros se transformaron en las llamadas órdenes sufíes, inspiradas por las enseñanzas del maestro original.

El sufismo es, ante todo, según los propios sufíes, profundización e interiorización personal del Islam. Aunque algunos autores han visto influencias de la mística cristiana, para otros, tales afirmaciones carecen de todo crédito.

El término sufismo (*tasawuuf*) viene de *sûf*, o hábito de lana que llevaban los sufíes de los primeros siglos. Son numerosos los sufíes de prestigio que han creado escuela y cuyos seguidores se agrupan en grandes cofradías, algunas extendidas por todo el mundo musulmán, o predominantes en determinadas zonas geográficas.

Los sufíes practican las virtudes de la pobreza (*faqr*), abandono en la voluntad de Alá (*tawakkul*), así como la práctica del *Dzikr* (mención del nombre de Alá) al que pueden acompañar estados de éxtasis y ejercicios de meditación (*fikr*). Otros sufíes incidieron en la gnosis (*Ma`rifa*) o conocimiento de Alá.

Políticamente asumen generalmente posturas conservadoras, pero sin propugnar alternativas concretas. En la época colonial, muchos sufíes encabezaron la resistencia frente a las potencias ocupantes en sus respectivos países.

El wahhabismo y el salafismo, corrientes ortodoxas reformistas e integristas, se oponen a las prácticas sufíes, al considerar que difunden ciertas formas de superstición y que, en la práctica, han facilitado la decadencia musulmana.

Una de las expresiones fundamentales del sufismo es la existencia de las llamadas cofradías o *Turûq* (plural de *tarîqa* o vía espiritual). Las conforman los seguidores de determinados maestros sufíes, tal como señalábamos anteriormente. Tal vez la más conocida sea la *Mawlawî*, de la que proceden los famosos derviches danzantes popularizados gracias al turismo masivo europeo practicado en Turquía. Las cofradías sufíes son numerosísimas, y en muchos casos su importancia es enorme.

Vemos, con todo ello, que el sufismo, como camino interior (*bâtin*), también ha influido en el exterior y la acción (*zâhir*).

LOS GRUPOS RADICALIZADOS

El Islam ha experimentado durante las últimas décadas un notable resurgir, como núcleo de una cultura y de una civilización que acentúan frente a Occidente su sentido de identidad. Para muchos musulmanes no se trata tanto de modernizar el Islam como de islamizar la modernidad, aunque suene, tal vez, como un objetivo utópico.

En los países musulmanes, los gobiernos y regímenes políticos se han hecho más islámicos en su orientación, símbolos, prácticas y leyes, y en el mundo occidental europeo ha crecido considerablemente la presencia religiosa del Islam. Los musulmanes han aumentado demográficamente desde el 12 por ciento de la población mundial en 1900 al 17 por ciento en 1980. Pero el área de poder e influencia islámicos se hallan circunscritos dentro de límites sólidos, tanto visibles como invisibles.

Las actitudes de los musulmanes hacia el contacto con el mundo occidental en los tiempos modernos son, hoy en día, uno de los ejes de cualquier intento de acercamiento hacia el Islam. Si bien la situación es mucho más compleja de lo que podemos tratar en este libro, hay dos grandes tendencias que han sido evidentes dentro del islamismo.

Una tendencia es hacia algún grado de acomodamiento y ajuste al Occidente y a las formas modernas de vida. Esto se ha manifestado en forma más obvia en países como Turquía, que ha instituido, en general, formas seculares de gobierno mientras conserva prácticas religiosas islámicas.

La tendencia opuesta es hacia un retorno a un enfoque más tradicional de la vida islámica y un rechazo a las formas occidentales y modernas. La expresión más extrema de esta tendencia se manifiesta en varias formas de fundamentalismo islámico que insisten en la implementación de la ley musulmana (la *sharia*) en cada área de la vida.

Los fundamentalistas han tenido más éxito en Arabia Saudita, Irán, Pakistán y Sudán, pero están activos en prácticamente cada país musulmán, recurriendo a veces a la violencia y al terrorismo al tratar de implementar su programa.

En su choque con el mundo occidental de finales del siglo XX y principios del XXI, el Islam, ya sea sunnita o chiíta, se manifiesta, en mayor o menor medida, en una corriente radical o extremista poliédrica. Por ello, dada la multiplicidad de sus expresiones, algunos expertos en la materia diferencian dos corrientes dentro del radicalismo musulmán: los integristas y los fundamentalistas.

Si hablamos de los integristas, debemos poner como ejemplo ineludible el caso de los wahhabitas y los Hermanos Musulmanes. Ambos valoran la Tradición ante todo, aunque respetan lo positivo que se le haya podido añadir. Los fundamentalistas, como puede ser el caso del chiísmo iraní y de los talibanes afganos, desprecian lo que no proceda de los preceptos literales.

Todos ellos comparten su creencia en la imperativa articulación de la *Umma* (comunidad de los creyentes), como efecto ineludible de la recta aplicación del Islam. La *Umma* debe estar unida políticamente y liderada por una autoridad, simultáneamente, civil y religiosa. Tal concepción, en consecuencia, deslegitima a los Estados actuales. Es más, a su juicio, todo nacionalismo sería una forma de shirka, es decir, de adoración de algo distinto de Alá.

La época dorada del Islam, que no es otra que la correspondiente al liderazgo de los cuatro primeros Califas, es la referencia de todos los musulmanes. Para los musulmanes reformistas, de esa experiencia primigenia destacarían los aspectos sociales y externos. Para otros, prevalecería el esfuerzo por la perfección espiritual; esto se refleja especialmente en las corrientes sufíes.

En este apartado no podemos dejar de mencionar al reformismo musulmán. Estos movimientos surgen en el seno de la gran corriente salafiya (de *salaf*, grandes antepasados), que promueve la renovación islámica (*nadha*). De hecho, la mayoría de los movimientos rigoristas islámicos suníes que, como los talibán, exigen la depuración de sus sociedades de toda ignorancia pagana, están inspirados en la salafiyya. Los salafis son *ulema* o pensadores seglares extremadamente escrituristas, que como indica su nombre de *salaf* —antepasado o predecesor— se basan en una obediencia absoluta a Mahoma.

Entre los salafitas destacan los Hermanos Musulmanes, pero la corriente que primero alcanzó una situación de predominio político fue el wahhabismo, que dirige ideológicamente Arabia Saudita. El wahhabismo, fundado en el siglo XVIII por Ibn Abd Il Wahhab, representa la más radical intolerancia. El wahhabismo resultó fundamental para la fundación del Estado de Pakistán después de la independencia del subcontinente indio. Éstos son los referentes de los talibán.

Es evidente que, sin ser conceptos análogos, reformismo, integrismo y fundamentalismo, en buena medida coinciden. Los reformistas afirman que sólo la aplicación de la *sharia* garantiza el orden moral de la comunidad de los creyentes. En ese sentido, todo gobierno es ajeno al espíritu musulmán, especialmente los de factura occidental. Sí serían auténticos gobiernos islámicos, por el contrario, los de los cuatro primeros Califas.

La restauración del verdadero Islam exige esfuerzos de todo tipo, tanto personales como colectivos, espirituales y materiales; lo que puede llegar a justificar la guerra. Su objetivo, en todo caso, es la ordenación de toda la convivencia hacia lo justo, prohibiendo lo que consideran impuro. Esto supone el empleo del poder político, sin complejos, desde la fidelidad al Corán y a las tradiciones islámicas.

El reformismo, en la actualidad, es la principal corriente del Islam y se caracteriza por una serie de rasgos comunes. El principal es que consideran que el Islam afecta a todas las dimensiones de la vida, determinando, por tanto, la política y la sociedad. Para ellos, la decadencia y parálisis de las sociedades musulmanas fueron consecuencia de su alejamiento del Islam, que viene determinado por el Corán, las tradiciones islámicas y las realizaciones de la primitiva comunidad musulmana.

Un rasgo fundamental es que, para el reformismo, la restauración del Islam exige la lucha de todo musulmán, integrado en organizaciones establecidas con tal fin. Y considera que el deber de todo musulmán es la *yihad*. En este sentido, la restauración del Islam exige la vía de una revolución política y social.

Este islamismo radical considera que tiene determinados enemigos, y cree que el Islam es víctima de una conspiración judía y cristiana. Occidente es, para este reformismo radical, el enemigo declarado del Islam. En suma, todos los que se resisten al Islam, ya sean musulmanes o no, son enemigos de Dios y merecen ser castigados con rigor. Por ello, un gobierno musulmán es legítimo en tanto y en cuanto aplique estrictamente la *sharia*.

Aunque a simple vista pueda no ser tan claro, los movimientos reformistas son movimientos sociales antes que políticos. Esta es una característica fundamental para entender su naturaleza. Su objetivo principal es la formación de musulmanes piadosos, estudiosos del Corán y que practiquen el proselitismo a través de la predicación y las obras caritativas.

Todos los reformistas propugnan un estado islámico, es decir, gobernado por la ley islámica (la *sharia*). Ésta, al tener su origen en la revelación divina, no puede ser ni desarrollada ni cambiada: hay que aplicarla, pues debe ser aceptada sin crítica. La *sharia* es, igualmente, infalible, según los islamistas.

EL RESURGIR DE LA IDEOLOGÍA ISLAMISTA

La ideología islamista, que hoy nos resulta tan cotidiana, no surgió hace tanto tiempo. El rechazo a los valores occidentales, un concepto tan arraigado hoy, nació como una búsqueda de la estabilidad y de las raíces después de la Segunda Guerra Mundial.

En ese tiempo, los imperios coloniales se derrumbaron y en el mundo árabe llegaron al poder fuertes líderes nacionalistas, que además eran musulmanes, como Gamal Abdel Nasser en Egipto. A comienzos de la década de 1960 había ya un cinturón de estados independientes y predominantemente islámicos que se extendían de Marruecos a Indonesia.

Y el derrocamiento o el fracaso de los movimientos nacionalistas laicos, atrapados en la vorágine de la Guerra Fría, tanto en la lucha contra el Estado de Israel como en el esfuerzo para el desarrollo económico, con recetas capitalistas o comunistas —igualmente occidentales a ojos musulmanes—, terminó convenciendo a importantes sectores de que el Islam era su última oportunidad. Así, la ideología islamista nació a principios del siglo XX como una reacción a Occidente.

El primer grupo islamista significativo, los Hermanos Musulmanes, fue fundado por Hassan A Banna, que en 1928 ya reclamó en Egipto una Constitución basada en el Corán. Pero la historia islámica se aceleró con el triunfo de la revolución chií del ayatolá Jomeini en Irán (país no árabe) a finales de los años setenta, cuando el deterioro de las condiciones socioeconómicas se convirtieron en un caldo de cultivo para el islamismo.

Los musulmanes viven desde entonces un redescubrimiento de sus raíces espirituales y una reafirmación del poder político del Islam. Y la revolución iraní de Jomeini, con la que se expulsó al sha Reza Pahlevi, un autócrata que soñaba con convertir a su país en un Estado laico e industrial de tipo occidental, llegó a ser considerada nada menos que como el resurgir de los pueblos islámicos.

El resurgir del Islam nació como una negación tanto del colonialismo occidental de los siglos XIX y XX como del comunismo con el que algunos regímenes pretendieron preservar su independencia después del importante proceso de descolonización política.

Uno de los casos que mayor resonancia tuvo en occidente es el del surgimiento de los talibanes. Talibán es el plural de la palabra persa *telebeh*, que puede traducirse como «buscador de la verdad». Los talibán surgieron en 1994 de las escuelas coránicas (*madrazas*) de Kandahar (Afganistán) y Karachi y Lahore (Pakistán). Esta milicia estaba formada por jóvenes de confesión suní, mayoritaria en Afganistán, y fueron apoyados por Estados Unidos, Arabia Saudí y Pakistán en la guerra civil que siguió a la derrota soviética en 1989.

Los talibán propugnan una interpretación muy rígida del Islam y están manifiestamente en contra de la inserción de la mujer en la vida social. Bin Laden, a quien Estados Unidos responsabiliza de los atentados de Nueva York y Washington, formó parte de los grupos islámicos que en los años ochenta recibieron millones de dólares por parte de Estados Unidos para luchar contra las tropas soviéticas, como veremos más adelante.

Pero, más allá de casos específicos, algunos sociólogos explican el resurgir del islamismo por la alianza de tres grupos sociales bien distintos. El primer grupo estaría integrado por la juventud pobre y urbana, que, según qué países, representa entre el 40 y el 65 por ciento de la población. Son jóvenes frustrados, sin empleo y que no han conocido la colonización, lo que hace que centren su ira en el Estado poscolonial que no ha sabido resolver sus problemas.

El segundo grupo es una pequeña burguesía islamista emergente pero que no tiene acceso al sistema político. Esta pequeña burguesía, integrada por comerciantes o pequeños empresarios, no es revolucionaria pero quiere desbancar a los que ocupan el poder. No descenderá a la calle, pero financiará un movimiento político que fundamentalmente se apoyará en aquellos que están desheredados.

Y el tercer grupo es el que ha proporcionado la ideología islamista. Son los jóvenes formados en las universidades estatales y que, con la evidencia del fracaso de las recetas occidentales, optarán por fomentar un Estado que consideran perfecto: el Estado islámico.

Sin embargo, hemos visto a lo largo de este y otros capítulos que ni el Islam ni el islamismo son bloques unitarios,

Al igual que sucede en muchas catedrales góticas la luz coloreada a través de vitrales, favorece la meditación y reflexión en el momento de la oración. En la ilustración una ventana decorada de una mezquita moderna.

sino que están fragmentados. Entonces, ¿cómo se fracturó el islamismo? Lo cierto es que el islamismo nunca ha sido un movimiento político unitario y supranacional. En realidad, el islamismo tiene características propias según de qué país se trate.

Debemos decir que, en contra de lo que muchas veces piensa Occidente, el islamismo no tiene ni un gobierno común ni mucho menos un ejército supranacional. Pero, evidentemente, el triunfo de la revolución de Jomeini hizo que en Occidente se tuviera una imagen prácticamente monolítica, al menos en lo referente a sus objetivos, del islamismo como ideología política.

Esta imagen, sin embargo, no duró demasiado. Un año después de la caída del muro de Berlín comenzaría a desmoronarse. En 1990 el presidente iraquí, Saddam Hussein, decidió invadir Kuwait. Y esta iniciativa acabó volviéndose en contra del islamismo. Arabia Saudita, que en la guerra entre Irán e Iraq (1980-1988) había apoyado a Saddam Hussein, vio entonces cómo su antiguo apadrinado amenazaba sus intereses. Saddam se apoyó también en el islamismo para actuar contra Kuwait y Arabia Saudita, dos petromonarquías sin apoyo popular. Y el resultado fue la profundización de la fractura del islamismo.

Ya desde la primera guerra contra Iraq se rompió la alianza política entre Estados Unidos y las monarquías petrolíferas, por un lado, y los partidarios de la *yihad*, por otro. Ossama Bin Laden pasó entonces de su cruzada antisoviética a la oposición a la presencia de tropas norteamericanas —infieles, desde el punto de vista islámico— en Arabia Saudita, sede de los lugares más sagrados del Islam. Allí comenzaría otra historia.

EL DESPERTAR DEL TERRORISMO ISLÁMICO

Dos décadas después de la llegada al poder de Jomeini, los hechos hicieron pensar a los observadores occidentales que el islamismo había fracasado como política de gobierno.

Por un lado, se hacían evidentes los escasos avances experimentados en Irán, cuyo presidente Jatami, elegido en 1997, miraba hacia Occidente, mientras la juventud y las mujeres votaban a favor de una liberalización. Por el otro, la aparición del terrorismo, como en Argelia, hacía pensar en un aislamiento de los terroristas. Los analistas llegaron a la conclusión de que, si bien en los setenta y ochenta los movimientos islamistas contaron con un amplio respaldo popular, a partir de los años noventa estos movimientos se habían dividido profundamente entre radicales y moderados, lo que había conducido al aislamiento de los grupos terroristas.

El año 1997 fue un momento crucial. En Egipto, el terrorismo integrista perpetró una matanza de turistas occidentales en Luxor, y en Argelia se hizo sentir el Grupo Islámico Armado (GIA) con sus atentados. Estas acciones subrayaron la pérdida de apoyo popular por parte de los grupos más radicales, cuyo nacimiento responde a una ironía de la historia. Estados Unidos y Arabia Saudita financiaron a los movimientos islámicos que lucharon en Afganistán contra los soviéticos. Después, estos movimientos crearon sus propios grupos en sus tierras de origen para enfrentarse a los regímenes que consideran aliados de Occidente.

Bin Laden, multimillonario saudí, es el símbolo de los activistas que comulgan con una nueva ideología, el «salafismo-yihaidismo», que invoca una interpretación rigurosa de los textos sagrados según la tradición vigente en Arabia Saudita, pero se diferencia de ella al exaltar la lucha armada contra todos los regímenes impíos, tanto en Occidente como en el mundo musulmán (Arabia Saudí incluida).

Frente a este panorama, ¿es posible que el Islam llegue a un acuerdo con Occidente? ¿Llegará a comprender el Islam al liberalismo occidental que dice aborrecer? ¿Entenderá Occidente a esta civilización que quiere volver a ser grande en el siglo XXI?

El Islam constituye la religión monoteísta universal más joven del mundo y, en cuanto a número de fieles, con más de 1.000 millones (una quinta parte son árabes), disputa el primer puesto al cristianismo. Los musulmanes representan una cuarta parte de la población mundial y están repartidos fundamentalmente por un arco de 55 estados que se extiende desde la costa oriental de África hasta Indonesia, el país con la mayor comunidad musulmana.

Albania es predominantemente musulmana, como Kosovo, la provincia serbia convertida en un protectorado de la OTAN. Bulgaria, Bosnia, Macedonia y Georgia también cuentan con importantes comunidades islámicas. En Francia se calcula que viven unos cuatro millones de musulmanes; en Alemania, tres millones; en Gran Bretaña, 1,7 millones; en España, medio millón, como en Holanda, y en Bélgica, unos 300.000. En Estados Unidos, considerado el «gran Satán» por el radicalismo islámico, se calcula que la población de confesión musulmana se cifra en diez millones.

Pero Islam e islamismo no son exactamente la misma cosa. El islamismo, también conocido como fundamentalismo o integrismo, es la politización, a veces distorsionada y fanática, del Islam. Y, además, está el terrorismo islámico. El debate entre el mundo occidental y el musulmán ha existido desde los orígenes del Islam, atrayéndose y repeliéndose según las circunstancias históricas. Se han mirado siempre, pero no se han comprendido nunca.

Occidente teme el terrorismo y el fundamentalismo, pero necesita el petróleo depositado en el subsuelo islámico. Y los islamistas acusan a Occidente de ser hostil a su cultura, de respaldar a Israel, al que consideran un intruso en su tierra, y de proteger a los regímenes corruptos y antidemocráticos que controlan el inmenso arco musulmán. ¿Será posible un entendimiento?

EPÍLOGO

Hemos recorrido, a lo largo de esta obra, un mundo intensamente atractivo. Un mundo que comenzó hace más de trece siglos, que cambió la forma de relacionarse con la religión de millones de personas y que, para bien o para mal, mantiene una gran influencia en todo el mundo.

Hemos visto que el Islam, desde su nacimiento hasta nuestros días, se ha extendido y se sigue extendiendo de una manera asombrosa, con una velocidad que ninguna otra religión ha tenido. Evidentemente, aunque es relativamente joven (al menos, si la comparamos con las otras dos religiones monoteístas), el Islam se ha propagado por todos los rincones del mundo.

De hecho, no podemos negar que su influencia va mucho más allá del llamado mundo árabe. Hoy es posible encontrar mezquitas en decenas de países de África, Asia, Europa o América, por ejemplo. Y no sólo eso: está claro que en los últimos años, el interés por el Islam ha crecido notablemente.

En estas páginas hemos intentado reflejar algunos aspectos clave de todo lo que da identidad al pueblo musulmán. Y hemos comprobado que, tal como planteábamos al comienzo de este libro, el Islam es mucho más que una religión.

Justamente por su complejidad, en ocasiones es difícil abarcarlo, analizarlo y comprenderlo en su totalidad. Porque el Islam pertenece al pasado, pero también al hoy, y seguramente al futuro de la humanidad, es importante hacer el esfuerzo de conocer sus particularidades, su riqueza.

El Islam no es solamente una religión, ya que se define a sí mismo como una ideología que aglutina sociedad, política y religión, basada en el Corán. Es, por tanto, un proyecto sociopolítico basado en la religión que intenta organizar la sociedad musulmana con un sinfín de reglas sociales; tarea, por otra parte, a la que se dedicó Mahoma durante diez años.

El hecho de que el Islam no sea sólo una religión nos remite a la complejidad que encierra y que, por momentos, nos dificulta su entendimiento. A lo largo de este libro hemos intentado, al menos, dar cuenta de esos aspectos que, en ocasiones, se nos tornan inasibles, inalcanzables.

El problema, quizá, es que a veces, lejos de parecernos una fuerza liberadora, una dinámica social, cultural e intelectual en pro de la igualdad, la justicia y los valores humanos, el Islam se nos aparece convertido en una especie enferma. Simplemente echemos un vistazo al mundo musulmán actual y veremos lo lejos que se halla de los ideales y el espíritu del Islam. Los demonios que Occidente ha proyectado sobre él se convierten, a fuerza de repetirse, en reales, aunque probablemente no lo sean.

Una de las razones por las que, tal vez, el Islam se nos aparezca como anquilosado, como detenido en el tiempo (y, por lo tanto, que nos resulte tan ajeno), puede ser el hecho de que el contexto de sus textos sagrados —el Corán y el ejemplo del Profeta Mahoma— se han congelado en la Historia.

La relación con un texto es siempre interpretativa, y con más razón si el texto es percibido como eterno. Pero si el contexto interpretativo del documento no es el contexto actual, el tiempo presente, entonces difícilmente su interpretación pueda tener ningún significado ni sentido reales para quienes viven en el hoy.

Las interpretaciones meramente históricas siempre nos hunden en la historia pasada, en un contexto fijo y osificado de hace muchísimo tiempo; o peor aún, épocas idealizadas y teñidas de romanticismo que nunca han existido realmente en la historia. Es debido a esto que mientras los musulmanes tienen un fuerte apego emocional al Islam, al Islam como tal, éste no tiene apenas relevancia directa como visión del mundo y sistema ético completo para su vida diaria, aparte de las obligaciones obvias puramente rituales.

La fosilización de las interpretaciones ha tenido un efecto devastador en la acción y el pensamiento musulmanes. En particular, ha dado lugar a la elevación de la *sharia* al plano de lo divino, con la consecuente desaparición del papel activo de los creyentes, y la equiparación del Islam con el Estado.

La *sharia* es una construcción humana, un intento por comprender cuál sería la voluntad divina en distintos contextos. Es por esto que el grueso de la *sharia* esta constituido por el *fiqh* o jurisprudencia, que no es otra cosa que la opinión legal de los diversos juristas clásicos. El mismo término *fiqh* no estaba en uso con anterioridad a la dinastía abásida, período en el cual fue formulado y codificado. Pero cuando el *fiqh* adquirió la forma legal sistemática, la sociedad musulmana era muy distinta a la de hoy.

Lo que esto quiere decir en realidad es que, cada vez que un país musulmán pide aplicar o imponer la *sharia*

—que es lo que demandan los musulmanes desde Indonesia hasta Nigeria—, las contradicciones propias de la evolución y el desarrollo del *fiqh* saltan a la vista. Y, a ojos occidentales, el simple pedido de aplicar hoy por hoy unas leyes que, para nosotros, son obsoletas y, en algunos casos, van contra ciertas creencias básicas, nos lleva al rechazo absoluto. Las sociedades musulmanas, en esos casos, adquieren un característico aspecto medieval. Podemos observar esto en Arabia Saudita, en Sudán y en el Afganistán de los talibanes.

Hemos observado que el Islam es no tanto una religión como una visión integradora del mundo, o lo que es lo mismo, integra todos los aspectos de la realidad al proveer una perspectiva moral en cada aspecto de las ocupaciones humanas. El Islam no es una fuente de respuestas hechas para todos y cada uno de los problemas humanos, sino que busca dar una perspectiva adecuada y una moral correcta dentro de las cuales los musulmanes deben trabajar para hallar las respuestas a los problemas humanos.

Pero si todo es dado de antemano, en la forma de una *sharia* divinizada, entonces el Islam puede verse reducido a una ideología totalitaria. De hecho, a esto es exactamente lo que los más recientes movimientos islámicos —por ejemplo, los Hermanos Musulmanes— han reducido el Islam. Sin embargo, aunque estamos acostumbrados a leer en los periódicos sobre fanáticos e integristas, lo cierto es que el Islam es mucho más que eso. Y es lo que hemos querido reflejar en este libro.

Aunque es una de las religiones más calumniadas y maltratadas de la Historia, hemos de decir que es, también, una de las más desconocidas y, por lo tanto, sobre la que mayor cantidad de prejuicios pesan. Nuestro objetivo ha sido intentar desprendernos de esos prejuicios, y hacer que el lector también se desprenda de ellos.

Este libro, sin embargo, no pretende agotar todos los aspectos del Islam. Cada faceta es fascinante, y quizá lo que hemos intentado contar en una página, necesita libros enteros para ser comprendido en su totalidad. Las costumbres, el Corán, la vida de Mahoma, la *sharia*, el *Ramadán*... cada tema es, sin duda, una invitación a descubrir un mundo.

Y este libro pretende ser, en ese sentido, un estímulo para el lector, para que pueda encontrar el tema de su interés dentro del gran universo que es el Islam y llegue a profundizarlo. Hemos intentado liberarnos de preconceptos para acercarnos a una religión que, aunque a veces nos resulta muy lejana, está más cerca de lo que pensamos.

Nuestro objetivo, al hacer una suerte de repaso general por todo lo que forma parte del Islam, no ha sido otro que acercar al lector las características de una religión y de una forma de ver la vida que, sin lugar a dudas, debemos intentar comprender, a pesar de las dificultades que podamos sentir en un principio.

Y, también, hemos querido hacer más accesible un saber que, en ocasiones, quizá por desconocimiento o temor, muchas veces nos resulta esquivo.

BIBLIOGRAFÍA

ABD-AL-MASIH. *¿Por qué es difícil para un Musulmán convertirse en un Cristiano?* Schorndorf, West Germany, 1988.

ABDUL-HAQQ. *Cómo compartir tu fe con un musulmán.* Bethany House Publishers, 1980.

AIXELÁ, YOLANDA. *Mujeres en Marruecos. Un análisis desde el parentesco y el género.* Barcelona. Bellaterra, 2000.

ALI, ABDHULLAH YUSUF. *The Holy Qur´an.* Traducción y Comentario. Ashraf Press, 1934.

AWDEN, N. *Women in Islam: An Anthology from de Quran and Hadith.* Disponible en Marcial Pons.

BOA, KENNETH. *Cults, World Religions and the Occult.* Chariot Victor Publishing, 1990.

BORJA, RODRIGO. *Enciclopedia de la política.* México, Fondo de Cultura Económica.

BORRÀS, ALEGRIA I MERNISSI, SALIMA (ED.). *L'islam jurídic i Europa.* El Islam jurídico y Europa. Barcelona. Proa, 1998.

COULSON, NOEL J. *Historia del derecho islámico.* Barcelona. Bellaterra. Biblioteca del Islam Contemporáneo, 1998. [1964].

EPALZA, MIKEL DE (DIR). *L'Islam d'avui, de demà i de sempre.* Barcelona. Centre d'Estudis de Temes Contemporanis. Enciclopèdia Catalana, 1994.

ESPÓSITO, JOHN. *The voices of resurgent Islam. (Las voces del renaciente Islam).* Oxford University Press, 1983.

EVANS, MIKE. *Jerusalem Betrayed* *(Jerusalén traicionada)*. Word Publishing, 1997.

GEISLER, NORMAN L. Y SALEEB, ABDUL. *Answering Islam. (Cómo responderle al Islam)*. Baker Books, 2000.

GILLES KEPEL. *La Jihad*, Ediciones Península.

HEYDT, HENRY. *Comparison of World Religions*, 1967.

HUGHES, PATRICK THOMAS. *Mahoma y los poderes antagónicos*. Algeria. Sahbah Publishing, 1995.

IBN WARRAQ. *Pourquoi je ne suis pas musulman*. Editorial L'Age d'homme.

KENNEDY, JAMES. *Why I Believe*. Word Publishing, 1980.

LACOMBA, JOAN. *Emergencia del islamismo en el Magreb. Las raíces sociopolíticas de los movimientos islamistas*. Madrid. Los libros de la catarata, 2000.

MAALOUF, AMIN. *Las cruzadas vistas por los árabes*, Alianza Editorial.

MERNISSI, FATIMA. *El Harén político. El profeta y las mujeres*. Trad. de I. Jiménez Morell. Madrid. Ediciones del Oriente y del Mediterráneo, 1999 [1987].

MERNISSI, SALIMA. *Derecho, religión y política*. Barcelona. Icaria, 1998.

MORALES, JOSÉ. *El Islam*. Ediciones Rialp.

MUNGER, MARCIA A. *Islam: Introduction and Approach. (El Islam: Introducción y Enfoque)*. ICI University Press, 1992.

RIDEMOUR, FRITZ. *So, what is the difference? (Entonces, ¿cuál es la diferencia?)*. Regal Books, 1978.

SABINE, GEORGE. H. *Historia de la teoría política*. México, D. F. Fondo de Cultura Económica, cuarta edición, 677 pp., 1983.

SAFA, REZA F. *Inside Islam (En el interior del Islam)*. Strang Communications Co., 1996.

SPELLBERG, D. A. *Politics, Gender, and the Islamic Past: The Legacy of Aisha bint Abi Bakr*. New York. Columbia University Press, 1994.

Swemer, Samuel. *The influence of Animism on Islam, An account of popular superstitions.* Macmillan, 1960.

Vernet, Juan. *Introducción a El Corán,* Plaza y Janés.

Wadud-Muhsin, Amina. *Qur'an and Woman.* Kuala Lumpur. Fajar Bakti, 118 pp., 1992.

Westermack, Edward. *Lo pagano en la civilización mahometana.* Londres. Macmillan Press, 1993.